村岡貴子 編著

大学院留学生への研究支援と日本語教育

専門分野の違いを超えて

ココ出版

はじめに

村岡貴子

　現代の世界はグローバル化社会と言われて久しく、人と物の移動が容易になり、多様なメディアの活用で多くの情報共有が可能となっています。一方で、何年にもわたり国・地域を超えた感染症が世界的に蔓延し、かつ、さまざまなコンフリクトが起こり続け、懸念が増幅する日常に、私たちは生きています。そのような劇的な変化の過程において、筆者らを含む大学関係者は、多数の問題を認識しつつも、地道に、受け入れた留学生への教育・研究支援を続け、次の時代に向けて種々の問題・課題の解決につながる歩みを進め歴史を刻んできています。来日が遅れていた多くの留学生がオンライン授業の中で、日本での学習・研究を心待ちにして学んでいた様子、また、来日後の対面での豊かなコミュニケーションを経験した時の感動は、忘れることができません。

　本書は、大阪大学における具体的で多様な事例をもとに、海外からの留学生への研究支援と日本語教育に関わる「連携」や関係者の「協働」をめぐって、広く啓発的な議論を行ったものです。このように、本書は、研究支援だけでも日本語教育だけでもなく、両者の融合的な関係性を共通基盤とし、教員と留学生の双方の視点から、これまでにないテーマを扱ったものです。その具体的な事例や議論の内容は、他大学や他の専門分野の読者にも有益となることを目指しています。

本書の執筆者は、大阪大学における、文系理系を問わな
い多様な専門分野の教員14名です。14名の執筆者は、本
書の各章において、それぞれ、授業や研究室単位での研究
指導、言語教育としての日本語教育、さらに、留学生支
援、組織的な支援体制の構築といった多種多様な取り組み
例を具体的に紹介し、かつ、それらの現状分析と課題につ
いて議論しています。それらの内容は、執筆者による具体
的な実践と経験に基づいており、研究者として分析的に語
ったものです。言い換えれば、執筆者が、多様な場面や事
態に対して、自身の研究活動に対するのと同様に、内省と
試行錯誤を繰り返し、改善を加えてきた貴重な取り組みで
す。

　本書が想定する主な読者は、大学等の高等教育機関に所
属するさまざまな分野の教職員、大学で留学生を支援する
大学院生、留学生の進学に関与する日本語学校等の学校関
係者、および留学生を採用する企業関係者等です。つま
り、そのような読者は、入学前、在学中、および卒業・修
了後といった、留学生のライフコースのある過程で、各々
の立場で深く関係する方々であると言えるでしょう。

　例えば、学内では、留学生を受け入れ、言葉の壁にぶつ
かり、また、異文化理解に努めようとしている教員や研究
者、留学生のチューターやサポーターを務める大学院生、
研究室の留学生からプレゼンテーションのチェックを依頼
された大学院生などです。他にもまた、留学生受け入れの
経験はあるものの、所属先の組織において、現在のニーズ
に合った、よりシステマティックな受け入れ体制や支援体
制を築きたいと考えている大学関係者も多いと思われま
す。さらに、学外では、これから留学生の進学をサポート
する学校関係者、あるいは、ぜひ優秀な留学生を採用した
いと考える企業関係者などがいることでしょう。そのよう
な方々には、大学の中で、留学生がどのような問題を抱

え、それをどう乗り越えて成長していくのか、といった研究生活を送る日々の種々の局面について、具体的に知っていただくことができると思います。

　いずれの読者の場合においても、問題を一人で抱えたり、前例がなく周囲に経験豊富な関係者が少なかったり、対応に苦慮したり、もっとよい解決策はないかと熟慮している方々も、少なくないと思われます。そのような読者には、本書の種々の事例から、さまざまな教育や支援の現場で、ご自身の場面に応じて必要な考え方や問題解決方法、有用な実践のプランや改善策などを、適切に、批判的に応用・発展させていただければと願っております。

　一般的に、外から見える大学は従来、専門分野ごとに教育・研究指導が行われるイメージが強かったかもしれません。しかし現在は、すでに先行例が多々存在しているように、分野の違いを越えた学際的な共同研究が盛んに行われ、また、学生に対しては、自身の専門分野とは異なる分野の授業受講による単位獲得も可能となっています。大阪大学では、大学院においても、例えば、副専攻、および高度副プログラム（大阪大学公式ウェブサイト「https://www.osaka-u.ac.jp/ja/education/fukusenkou」）を設置しています。こうした取り組みにより、背景や専門の異なる他者との学びを促進し、学生の一層の視野拡大に努めています。

　このような教育システムの改革の中、日々行われる実験や調査などの研究活動、他者とのゼミや研究会、口頭発表・論文執筆に至るまで、留学生への研究支援は、大学院レベルの日本語教育とも深い関係性があります。それは、当然のことながら、研究活動とそれを支える日常の生活では、音声言語と書記言語という言語を使い分けながら他者とコミュニケーションを行っていく必要があるからです。

　なお、特に理系分野では論文投稿や口頭発表を英語で行うケースも多々見られますが、日本で研究活動を行う一人

の研究者・生活者としての留学生には、一定程度の日本語能力の獲得も必須であると言っても過言ではありません。英語で研究が可能、という、留学生活の一局面のみで捉えた英語一辺倒の言説は、多様な言語・文化・価値観を認める大学や社会においては、すでに弱いものになっていると思います。英語だけでなく、日本語によってもさまざまな情報を獲得し、研究室内外の他者と必要で有意義なコミュニケーションを行い、異文化接触を経験しつつ研究成果の発信を成功裏に終えること、それは、留学生の日本での生活の質を高く維持し、豊かな人間関係を構築することと少なからず関係していると言えるものです。このことは、執筆者の経験した多数の事例から、確信を持って読者にお伝えできます。

　以上のような認識をもとに編集された本書は、三部制を採用しました。第1部では、「留学生の研究活動を支える日本語教育と教育研究支援体制」として、本書のコンセプトの鍵となる、研究に必要な日本語の教育としての「専門日本語教育」、および、留学生の研究生活・日常生活を背後で力強く支える支援のあり方について、具体例をもとに紹介し、議論を展開します。第2部では、「大学院教育における研究指導の事例」と題して、人文科学系・社会科学系・自然科学系における研究指導の数々のプランや工夫、経験への内省を伴った種々の議論を披露します。第3部では、「研究支援を通した人材育成のデザイン」というタイトルで、海外の大学との連携による教育指導体制、学内の複数部局との連携や関係者との協働による、留学生に対する研究支援環境の整備について扱い、さらに、本書の総括と展望をまとめます。本書では、加えて、短い4編のコラムも設け、執筆者自身が留学生であった場合も含めて、鮮明な記憶に基づいた経験談の情報も提供いたします。

　本書が、多様な背景を持った大学内外の読者にとって、

留学生への研究支援と日本語教育の種々の観点から、専門分野や言語・文化の差異を越えて、より豊かなアカデミック・コミュニケーション実現の一助となることを、心より願っております。

執筆者を代表して
大阪大学　村岡貴子

目次

第 1 部

留学生の研究活動を支える日本語教育と教育研究支援体制

第1部では、本書の最初のパートとして、大学院留学生の研究活動を支える日本語教育と教育研究支援体制について、基本的な概念と関連の背景説明を行い、各種の実践例を記述し、関連の議論を行います。国際教育交流センターの事例、および、研究科の教育研究支援体制として、理学研究科と工学研究科の実践例を取り上げます。

　第1章では、研究活動を支える日本語教育を「専門日本語教育」と捉えて定義と背景を説明し、研究支援と専門日本語教育の接点について議論します。

　第2章では、大阪大学におけるQOL向上を目指した支援体制の活動について紹介するとともに、全学的な見地からの留学教育支援体制のあり方について議論します。

　第3章では、研究室と日本語教育を結ぶプレゼンテーション教育を扱った大学院留学生向けの教育実践例を取り上げ、日本語初級段階から研究活動の円滑化につながる取り組みの意義と可能性を示します。

　第4章では、理学研究科における支援活動の事例をもとに、英語で研究活動を行う留学生に対する日本語学習支援について紹介し、日本語能力獲得の重要性や関連のテーマについて事例をもとに議論します。

　第5章では、来日後から就職支援までの時間軸でトータルに支援する工学研究科の教育学務国際室国際交流推進センターによる事例を紹介し、多数の留学生に対応する教育研究支援体制について議論を行います。

　さらに、関連するコラムを2件配置しています。

第 1 章

留学生の研究活動を支える専門日本語教育

村岡貴子

本章では、まず、本書の背景として、留学生受け入れに関する見解を述べ、次に、所属先である大阪大学の留学生在籍状況について紹介する。さらに、大学院レベルの留学生に対する「専門日本語教育」の定義と背景を示す。専門日本語教育の概念は、1990年代に大阪大学で他大学研究者と協働して発足させた研究会において形成された。専門日本語は、Japanese for Specific Purposes（特定目的のための日本語教育）に相当し、特に学習者が大学院生の場合、それぞれの専門的な活動に資するJapanese for Academic Purposes（学術的な目的のための日本語教育）となる。専門日本語はさらに、工学系、経済学系、といった細分化された分野で用いられる日本語にも分類可能である。本章では、分野横断的に必要なアカデミックな日本語コミュニケーションを扱う専門日本語教育について、その必要性を示し、研究支援との接点の観点から、各分野との連携の意義と可能性を述べることとする。

1 | はじめに

社会がグローバル化したと言われて久しい21世紀の現代において、世界のどこかの地域で生じた問題や課題は、

3

COVID-19の感染症拡大が典型的であるように、国境を容易に越え、共通の問題・課題に拡大しやすいものとなった。そのような問題・課題に対しては、本来、国・地域を超えた柔軟な連携や協働による解決が望まれるであろう。しかし、その実現までには、世界中で見られる多くの対立や争い等（以下、コンフリクトと呼ぶ）のために遠い道のりがあるケースも散見される。

　社会のグローバル化の傾向は、日本では、少子化の背景とも連動し、大学に対しても少なからぬ影響を与え、大学における大きな教育変革の一要因ともなっている。日本の大学での教育・研究指導の場面では、外国からの留学生の受け入れ、および、日本在住の一般学生の海外派遣が、広く行われるようになっている。本書は、前者の外国からの、特に大学院留学生への研究支援と日本語教育に着目する。

　現在、さまざまな研究目的と多様な背景を有する大学院留学生を受け入れた大学は、その研究活動を効果的に支えるために、教育研究支援体制をいかに構築すればよいだろうか。また、その体制構築のための重要な一条件となる言語教育・言語学習支援の一環として、大学院留学生に対し、どのような日本語教育の展開を目指すべきであろうか。本書では、このような大きなテーマに向かう第一歩として、多様な専門分野の執筆者と協働し、種々の実践の事例を用いて現状を批判的に分析しつつ、その問いへの答えを求める過程を示すことを目的とする。

　そこで、本書では、第2章以降、執筆者らの所属先である大阪大学における大学院留学生の研究支援と日本語教育に関して、多様な事例を紹介する。その際に、実践から得た知見をもとに、大学院留学生の日本語学習支援を含む日本語教育、全学的な支援体制、および、各研究科での教育・研究指導・研究支援のあり方を考察し、今後の研究支

4

援と日本語教育について、関係者の「協働」の観点から展望する。

　本書全体の議論を進めるにあたり、次の2では、まず、大阪大学における現在の留学生受け入れに関連する情報を提示する。続く3では、特に「大学院留学生の受け入れ」に対する筆者の見解を示す。4では、専門日本語教育の概念について説明し、5では、研究支援と専門日本語教育の接点を複数の観点から議論することにより、関係者の協働の可能性について述べ、6で次章以降への橋渡しを行うこととする。

2 ｜ 大阪大学における留学生在籍状況

　大阪大学における留学生の在籍状況について、以下、紹介する。

　大阪大学では、2022年5月1日現在[1] で、2,590人の留学生が在籍する。そのうち、大学院レベル（研究生を含む）の留学生は、2,124人（82%）であり、学部レベル（予備教育生を含む）の466人（18%）と比べて、圧倒的に数が多い。このように、修士あるいは博士という学位取得を目的とした留学生が多く、大学院大学の特徴が現れていると言える。一方で、大学間・部局間の交流協定を中心とした、研究目的で在籍する短期プログラムも多数存在する。大阪大学公式ウェブサイトによると、2022年6月1日現在、大学間交流協定は144件、部局間交流協定は628件締結されている[2]。そのため、短期留学を経験した上で、学位取得を目指して再来日するケースも、今後増加すると予想される。

　同じく大阪大学公式ウェブサイトによると、留学生の出身地域としては、アジア出身者が2,177人で全体の84%を占め、中国出身者が1,434人で最多である。さらに、留学生数の多い上位5位は、工学研究科（544人）、経済学研

究科（263人）、基礎工学研究科（191人）人間科学研究科（189人）、理学研究科（186人）が占める[3]。

　なお、上記の留学生数のデータは、毎年、日本学生支援機構（JASSO）が大学における留学生数を算出する場合と同様の5月1日の実績であるが、学期期間外に開講されるサマープログラム等の短期留学生のデータも含めれば、算出する時期によって、留学生数はさらに増加する[4]。

　以上のように、種々の分野での学習・研究活動を希望して、毎年多数の留学生が在籍し、かつ大学院レベルの割合の高いことが指摘できる。

3 「留学」が持つ希望的側面への着目

　短期・長期のいずれであっても、2で述べたような留学という、言語・文化の異なる学生の国境を越えた移動は、2022年7月現在では、世界的な感染症拡大が収束していないため、依然として制限のある状況に置かれている。その中にあって、大学の教育・研究指導の現場では、オンラインの手段も活用したさまざまな試みがなされてきた。パンデミック収束後も、かつての対面のみによる教育・研究指導に戻ることはないと予想される。留学生の受け入れも影響を受け、大学は新たな教育・研究支援に向かう局面にあり、方法論的に一層の挑戦が望まれるであろう。

　上記のような現状が存在し、予想外の大きな変化への適応や対処を求められたとしても、本来的に、留学は、人々の国境を越えた移動により、人間同士の豊かな交流を促す契機をもたらし、希望的で明るい見通しを可能にする側面を持つものと筆者は常々考えている。現状において、物理的に国境を越えられない事情があったとしても、また、さまざまなコンフリクトに立ち向かわざるを得なくとも、筆者は基本的に上記のスタンスで留学を捉えている。その捉

え方の背景について、次段落以降で3点にまとめて言語化を試みる。それらは、本書の執筆者をはじめ、留学生を受け入れてきた研究者・教育者の多くが、その経験を、メタ的に、かつ、長期的に見て実感していることではないかと考えている。

　第一に、大学における留学生と一般学生に対する地道な教育・研究指導は、現在と将来の人類の安全・安心の確保や科学技術の発達、ボーダレスな経済活動の活発化、平和構築に向けたシステムの改善等、多種多様な課題に向け、日常的に、協働して研究に取り組む体制を機能させている。本書における各分野での研究指導事例の内容はそれを反映している。こうした教育・研究指導は、大学では決して特別なものではなく、それらを通した研究遂行とそこでのアカデミックなコミュニケーションは、すでに日常のものである。その日常には、留学生本人とその研究活動を共にする教員や研究仲間・支援活動を行う職員だけでなく、留学生の友人や学外での日常を豊かにする隣人、将来の進路に関わる人々など、多くの関係者の存在が指摘できる。こうした種々の局面での接触・交流・協働による日常の積み重ねが存在することで、一朝一夕には見えない、社会の進歩や改善が、将来に希望をもたらす道筋につながると期待できる。

　第二に、そのような日々の教育・研究指導の過程は、言語・文化・宗教・思想・信条等の差異を超えた、豊かな多文化間コミュニケーションを促し、それが相互理解に貢献し続ける点を指摘しておきたい。仮に、特定の異文化間で何らかの問題が発生しても、それは、必ずしも、言語や文化の違いのみに起因するわけではない。大学内での支援業務や相談業務においても、冷静な熟慮と対応が求められている。意思疎通の過程で何度かコンフリクトの生じる可能性が誰にでもあり得ることは、十分に予測されるものの、

それを克服しようとする姿勢を示し合うことも、少なからぬ進歩や改善、ひいては深い相互理解につながることと期待できる。このような過程を経験し、関係者は各種の事例から常に学び続けることになる。学びを止めれば思考停止を招き、偏見を温存させる可能性もあり、多文化間コミュニケーションによる人としての成長も見込めない。大学での留学生支援体制は、コンフリクトの存在を特別視せずに受け入れ、それらへの公平で丁寧な対応を行うべく知恵を絞っており、若干のサンプルで偏見を増幅することは許してはならないものである[5]。

　第三に、このような留学生の受け入れは、その留学終了後にも、日本か母国かその他の国・地域かを問わず、引き続きインターカルチュラル[6]な交流をもたらし、個人単位や研究室単位も含めて交流を継続する契機となることである。留学生にとっては、母国と日本以外の国・地域の学生との出会いと人間関係の充実が期待できる。同時に、一般学生や教職員は、留学生の留学終了後にも、当該の元留学生を通じて、共同研究等の研究面や、個人同士での人間関係を維持することも、十分に可能である。実際にそのような事例は多々存在している。

　以上のような留学生の受け入れから波及する効果と今後の希望的側面への認識から、留学生への教育・研究支援は、その重要性と意義が認められ、また、将来への可能性を秘めたものと捉えられる。異文化間でのコンフリクトや課題が存在したとしても、そこを乗り越える努力を続けることが重要である。それによって、留学生のみならず、各々の状況や場面に関係する多くの人々が、葛藤を通しても新たに学び、自身の成長に気づくであろう。そこに至るには、研究科等の組織同士の連携や、教員や関係者の協働が大きな力を生み出し、機能するものと言える。なお、連携を重視した全学的な留学生支援体制のあり方については、第2

章で詳細に議論される。

　以上のような留学生受け入れに関する意義とさらなる可能性を認めた上で、次の４では、本書の研究支援と日本語教育を結ぶキーワードとなる、「専門日本語教育」について説明する。

4 専門日本語教育の概念

　本章では、特に大学院レベルの留学生に対する「専門日本語教育」について、その背景と定義を示す。

　日本では、1983年の「留学生10万人計画」[7]以降、専門分野を問わず、必ずしも高度な日本語能力を有しない多様な専門分野の留学生が来日するようになり、日本の大学においても、日本語学習歴がないか非常に短い初級レベルからの日本語教育への対応が一層必要となった[8]。

　その後、1990年代に、「専門日本語教育」の概念は、大阪大学の研究者が他大学研究者と協働して発足させた研究会[9]において着実に形成されてきた。「専門日本語」という用語は、「大阪大学における理工系留学生対象の日本語教育に関する研究協議会において使用されてきた」（深尾1999: 9）ものである。定期的に開催されたその協議会においては、特に自然科学系の研究者と日本語教育学の研究者が共に、日本語能力が必ずしも高くない留学生への教育について議論を展開してきた経緯がある。筆者も1998年からそこへ参加してきた。

　「専門日本語」の教育は、当初、発足の経緯とその後も続いたニーズを背景に、「大学における研究活動で用いられる、専門用語も含めた日本語表現」（村岡2014: 21）を教育するものとされていた。昨今では、その解釈が広がり、学術目的以外の社会における実務（例：医療、ビジネス）の場合も含め、特定目的のための日本語の教育（Japanese for

Specific Purposes[10]）として用いられるようになっている。

　なお、こうした研究は、初期の頃、専門分野別の日本語の調査分析（例：工学系日本語、農学系日本語）が盛んに行われていたが、そうした分野別日本語表現の調査から、よりダイナミックに変化を遂げてきた。すなわち、研究の着眼点は、言語を運用する「人」とその活動およびその評価に移っていく。具体的には、学習者、教師、支援者等の、教育・学習現場に関係する「人」とその活動、コミュニケーションの諸相や課題、教育現場での対応、および学習者の成長等に着目し、言語活動をよりメタ的に捉えようとする姿勢であると言える。これらの研究成果は、「人間同士の協働を目指す」（宇佐美2014: 3-8）と評される流れを作り出してきたと言える[11]。

　本書は大学院レベルの留学生を対象とした研究支援と日本語教育について扱うため、「専門日本語教育」は、時間に制限のある留学生が、研究活動を円滑に遂行するためという日本語学習の目的を自覚していることを前提とし、その目的達成のために行われる日本語教育であるとする。

　ただし、そのような専門日本語教育は、先述したように、専門用語等、狭義の言語表現のみを扱うわけではない。プレゼンテーションの視覚資料作成や論文執筆などでのライティング、研究場面での音声コミュニケーションなど、多様な媒体やツールを用いて他者とアカデミックな意思疎通を図る活動に用いる言語コミュニケーションの教育、として広義に捉えることが適切なものである。

　本書では、そのような教育・学習および学習支援は、留学生向けのいわゆる日本語の授業だけでなく、研究場面や研究室での種々の言語活動において、すなわち、指導教員や研究室構成員等の他者と共に、日々繰り返されるアカデミックなコミュニケーションの中で行われている局面があるものとして、広く捉えて議論を進める。

5 | 研究支援と専門日本語教育の接点

　　大学院教育における授業、研究室単位の指導、および、よりマクロな教育研究支援体制による支援等、大学院留学生に対して行われる教育・指導・支援を、ここでは研究支援と呼ぶ。そこで、以下では、研究支援と、前節4で論じた専門日本語教育との接点について3点に分けて議論する。まず、5.1では研究を行う者にとって獲得が必須である「論文スキーマ」という概念について言及し、5.2では、論文スキーマ形成を目指したアカデミック・ライティング授業を一例として、教育方法・学習支援の観点からの示唆を提示する。さらに、5.3において教員同士の協働の可能性について述べる。

5.1　論文スキーマの形成

　　各々の専門分野で行う指導（例：修士論文の指導）は、大学院留学生（以下、大学院生）にとって重要な位置を占めるものである。こうした大学院生が円滑に研究指導を受けられ、その中で論文スキーマ（村岡2014）を着実に形成するために、専門日本語教育は、その役割を果たせる部分が少なくない。論文スキーマとは、論文とは何か、研究とは何かの概念の総体的知識を指す（村岡2014）[12] 用語である。

　　論文スキーマを形成するためには、さまざまな活動のための専門日本語教育の方法が考えられる。例えば、批判的な文献読解と報告・ディスカッション、研究成果のプレゼンテーション、レポート・論文作成のためのアカデミック・ライティングといった活動のための教育は、専門日本語教育として重要な位置を占めるものである。これらは、大学院生が必要に応じて、研究室での本格的な研究活動開始の前に [13]、あるいは研究活動と並行して学ぶ機会のあることが望まれる。

本書第2部の第6章から第9章までの著者が指摘しているように、大学院生となる留学生は、学部時代の専攻が、大学院の専攻とは内容が異なる場合が少なくない。このような場合、専攻が異なれば、そこでの研究コミュニティごとの言語活動の種類や方法も、論文の執筆方法も異なることがままある[14]。

　このような状況に対し、専門日本語教育は、大学院の専攻・研究室という研究コミュニティにおいて、研究上必須とされる日本語による言語活動の経験を増やすことに、まず貢献する。言語活動の経験を増やし、その経験を授業で共有することによって、大学院生が自らの言語活動を内省し、各種活動の目的や相手、場面等も含め、日本語によるコミュニケーションを客観的に捉え直すことができるという意義も認められる。筆者も実際に、大学院生向け授業において[15]、院生自身の内省と言語化、クラスメート同士の協働により、研究活動への意識化と、より適切な次の言語行動を再認識する活動を取り入れている。

　また、大学院生が、日本語による研究活動を行う以前に、例えば、他言語の英語により論文スキーマを形成できている場合には、それを日本語による言語活動に転移させることも可能である。それは、論文スキーマは、言語ごとの特性により異なるものではなく、ディシプリン、あるいは各種研究活動を遂行するコミュニティの中で、実際の言語活動を通して効果的に培われると考えられるためである。

　このように、専門日本語教育は、大学院生に対し、自身の研究活動を内省し言語化する機会、および他者の内省による言語化を傾聴する機会を提供するデザインが可能である。研究室のゼミにおいても、また、専門分野を問わない大学院生向けの専門日本語教育の授業においても、そのような学びの機会は、大学院生のメタ的な思考の深化と視野の拡大にも貢献できるものと考えられる。

5.2　論文スキーマ形成を目指すアカデミック・ライティング授業

　　専門日本語教育の観点から、筆者の専門分野の一つであるアカデミック・ライティング教育の事例を用いて、ライティング技能の育成だけでなく、研究に取り組む姿勢の涵養をも目指した取り組みから、若干の示唆を提示したい。

　　一般的に、「研究を行う者は、口頭発表や論文投稿を行う際に、他者から何のコメントも受けないことはあり得ず、批判的なコメントの授受こそが、論文を含めた研究活動をより活性化するものである」（村岡2014: 149）。そのことから、論文スキーマを着実に形成し、アカデミック・ライティング能力を向上させるためには、「他者からの批判を受けるというフィードバックや、それをもとにしたさらに質を上げるために文章を修正していくという作業は極めて重要である」（村岡2014: 149）。

　　このようなアカデミック・ライティング活動は書記言語コミュニケーションの一つであることから、時空間を超えて、先人の研究者による文献から学び、また、それへの批判的（critical）な分析を加えることも重要である。同時に、ゼミや研究仲間といった協働[16]の相手と、批判的なコメントを伝え合い、度重なるディスカッションを通じて、研究内容をより精緻化し、成果の完成度を高めていく必要がある。こうした深く思考することに基づいた批判的なコメントの授受は、本書の第2部・第3部の各章においても、種々の研究支援において重視されているものである。授業やゼミ、各種指導において頻繁に行われるものと言える。

　　上記の考え方を前提とし、大学院生の視点に立って、アカデミック・ライティング学習の過程を捉えると、以下のような4段階にまとめることが可能である（村岡2014: 149）。筆者の当該の授業においては、このような段階を踏み、「書き直す」経験を何度も求めている。

① 学習者が文章を書く前にテーマや資料を選択し、それらをもとに全体の構想を練っていく段階
② 実際に文章を作成し、合わせて推敲を行う段階
③ 完成版を提出後に行われるフィードバックの段階
④ フィードバックを受けて書き直す段階

　大学院生で、論文を投稿する場合も、類似のステップを踏むもので、学会誌などへ投稿した場合は、例えば、上記の③と④に該当するものとして、査読結果を受けて修正する段階が存在する。

　以上、アカデミック・ライティングに特化して学習過程の一端を例示した。こうした研究活動の一連の枠組みを、専門日本語教育の中に取り入れて、日本語により経験を積むことは有用である。その際に、大学院生の学習過程を観察して問題・課題に着目することも重要になると考えられる。協働や支援（例：ティーチングアシスタントやチューター）が可能な人的リソースの活用も視野に入れ、問題・課題を克服する教育デザインをさらに検討し、方法を柔軟に改訂していくことも肝要であると言える。

5.3　教員同士の協働の可能性

　大学院教育の一環として日々指導を行っている各分野の教員は、自身も論文執筆を行っており、分野は異なっても、論文に関する概念や研究活動上のさまざまな手続きについても共通理解を有している。すなわち、教員は、論文スキーマを形成した研究者であることから、専門分野の違いを超え、大学院教育・支援において、日本語教育学の教員とも、他分野の教員ともさまざまな連携の可能性があるものと考えられる。

　前節の4において、専門日本語教育に関する先行研究では、まず専門分野別日本語の分析が進み、その後、協働と

14

いう表現で示される多様な試みが展開されるようになったことに言及した。この協働は、特定の分野の教員Aと日本語教育学の教員Bが協働することだけを示すものではない。学際的な研究として、日本語教育学の教員に加え、分野Cの教員と分野Dの教員が協働する場合も考えられる。

また、教育や学習支援の場には、教員と学生のみならず、その場を支える多様な支援者（例：ティーチングアシスタントやチューター）が関わり、立場は異なってもその支援者が教員と協働する場合もある。さらには、研究活動の場において、自律的な学習を支える人的リソースとなる支援者（例：先輩の大学院生、学内の他分野の友人）の存在も指摘できる。昨今では多様なメディアを通じた支援の可能性も見込まれる。

このように大学院生とその関係者を中心とした視点で見れば、言語コミュニケーションを通じた研究支援と、専門日本語教育は、大学院教育の一環として分野横断的に、密接に関係する部分が少なくないと言える。本来的には、留学生自身が、学位取得に必要な情報を収集の上、自律的に行動を起こしていくことが求められるが、その円滑化のために、研究支援の環境整備を行っておくことは、教員側の責務である。

実際に、授業や研究指導は、そこに関与する支援者に対するものも含めて、教員がコーディネートし、実験や論文の指導等には、日常的に言語（ここでは日本語とする）を用いて関与している。関係教員は、まずこの関与が、研究支援のデザインに深く寄与していることを再認識し、種々の指導や支援について情報を共有した上で、さらに協働可能な部分の認識を深めていくことが望ましいと考えられる。

6 | おわりに

　以上に述べてきたように、大学院留学生が経験をしていく実際の研究活動の流れ、さらには、マクロ・ミクロのさまざまな局面で行われる言語活動を通したコミュニケーションを、目的や相手、場面に合わせて、専門日本語教育に柔軟に取り入れていくことが今後も望まれる。そこで、多様な専門分野においては、どのようなマクロ・ミクロの局面が存在し、問題・課題が残されているかの情報の共有とその分析を行うことから、研究支援の充実に向け、歩みを進めていきたいと考える。

　また、多様な専門分野にある研究に関する文化（例：分野の研究者コミュニティが持つ論文執筆に関する文化）を、そこでの言語活動と合わせて、その背景とともに正確に理解・解釈することから、新たな専門日本語教育の展開が期待できるものと思われる。そうした言語活動とその背景への正確な理解・解釈の上には、情報の交換や共有に伴う相互理解があるだけでなく、大学院生を指導する研究者（教員）同士の、批判的な視点を持った有意義なコミュニケーションが存在していることが前提とされる。

注

[1] 大阪大学公式ウェブサイトの「大学案内」における「外国人留学生数」のデータ（https://www.osaka-u.ac.jp/ja/guide/about/data/international.html）による（2022年8月8日閲覧）。なお、本章では研究科の名称で示したが、当該研究科に続く各学部の留学生数も含む。

[2] 大阪大学公式ウェブサイトにある「国際交流・留学」ページにある「交流協定締結状況」に海外の締結先大学名等の詳細情報が掲載されている。

[3] これらのデータに加え、上記ウェブサイトによると、医学系研究科（151人）他、自然科学系の研究所・センター所属の留学生を加えると1,300人を超え、大阪大学の留学生は半数以上が、いわゆる理系分野の学生であることがわかる。

第1部　留学生の研究活動を支える日本語教育と教育研究支援体制

［4］例えば、筆者が所属する国際教育交流センターでは、全学の各部局と連携しつつ、通常の学期中の大阪大学短期留学特別プログラム（OUSSEP）をコーディネートし、1年間で171名を受け入れた他（『2019年度年報』p.36）、夏季・冬季など、学期以外の期間も含め、毎年複数の短期のプログラムをそれぞれ企画・運営している。後者については、例えば2019年度には、大学間交流協定締結の有無にかかわらず、北米、アジアなど、海外の大学からの合計138名の短期留学生の受け入れを行った（『2019年度年報』pp.51–55）。毎年、上記のプログラムの大部分の学生が、国際教育交流センターでの日本語教育を受け、単位も取得して母国の大学へ持ち帰る。

［5］本来、こうした考え方は、留学生のみならず、多様な背景の学生や教職員に対しても、偏見なく接するための基本的な共通理解の事項であると考えられる。

［6］三牧他（2016: 3）に倣って広義に捉え、異なる母語・社会文化的背景を持つ者同士のコミュニケーションを「インターカルチュラル・コミュニケーション」と呼ぶ。

［7］文部科学省「留学生受け入れ一〇万人計画」https://www.mext.go.jp/b_menu/hakusho/html/others/detail/1318576.htm（2021年5月4日閲覧）

［8］留学生10万人計画以降、留学生30万人計画等、留学生在籍数の増加を促進する留学生政策が打ち立てられてきたが、それらの問題・課題の分析については、宮崎・春口（2019）が詳しい。

［9］1993年から毎年行われていた大阪大学での協議会を基礎としたこの研究会は、1999年より「専門日本語教育研究会」（のちに、現在の「専門日本語教育学会」）という全国学会に発展し、現在も学会誌を刊行し、研究討論会を開催している（「専門日本語教育学会ウェブサイト」http://stje.kir.jp/index.html（2021年6月5日閲覧））。

［10］英語教育学では、1980年代にはすでにEnglish for Specific Purposesの研究が進んでいる（Hutchinson & Waters 1987, Dudley-Evans & St. John 1988等）。

［11］宇佐美（2014）では、学会誌に掲載された論文のテーマを詳細に分析し、その変遷を3期に分けて緻密に記述した結果、「言語活動を「受容」「表出」という両側面に分断して扱うのでなく、「分析・評価」という内省行為を軸としてこの両者を統合的に扱おうとする研究が掲載されるようになり」（p.7）、それが複数の共同研究グループによっても行われるようになったと指摘している。

［12］例示すれば、高度な一般日本語能力を有していたとしても、論文スキーマが形成されていなければ、「論文で用いられる学術的な表現や文型、構成をいくら覚えても、（中略）論文という文章が執筆できるようにはならない」（村岡2018: 37）。また、日本語能力試験のN1合格以上の能力を有する学部1年生と、日本語能力はN1には達しないものの卒業論文執筆経験があり、日々研究活動を遂行している大学院生とでは、論文スキーマの形成状況が大きく異なる。

[**13**] 第3章では、研究活動へのソフトランディングを促す専門日本語教育の実践例が示されている。

[**14**] Swales（1990）は、Genre Analysisという方法を提唱し、Discourse Communityという研究のコミュニティごとに形成されてきた、各分野における論文のパターン化の存在を指摘した。実際に理系の英語論文の序論部分を分析し、そのモデル提示も行っている。

[**15**] 自身のライティング経験について振り返る批判的な協働タスクをも設けた村岡・因・仁科（2013）等の教材を活用している。

[**16**] ピアラーニング（協働学習）の考え方をもとに、互いの論文に対してコメントを伝え合う「ピア・レスポンス」も、研究活動の批判的思考を深化させる有用な方法である。石黒・烏編著（2020）には豊富な実践例が掲載されている。

参考文献

宇佐美洋（2014）「分断から統合へ―人間同士の協働を目指す「専門日本語教育」」『専門日本語教育研究』16, pp.3-8.

石黒圭・烏日哲（編著）（2020）『どうすればレポート・論文が書けるようになるか―学習者から学ぶピアレスポンス授業の科学』ココ出版

大阪大学国際教育交流センター（2020）『2019年度年報』大阪大学国際教育交流センター

大阪大学公式ウェブサイト「国際交流・留学」https://www.osaka-u.ac.jp/ja/international/action/exchange（2021年6月12日最終検索）

専門日本語教育学会ウェブサイト stje.kir.jp（2021年6月11日最終検索）

三牧陽子・村岡貴子・義永美央子・西口光一・大谷晋也（2016）『インターカルチュラル・コミュニケーションの理論と実践』くろしお出版

宮崎里司・春口淳一（2019）『持続可能な大学の留学生政策―アジア各地と連携した日本語教育に向けて』明石書店

村岡貴子（2014）『専門日本語ライティング教育―論文スキーマ形成に着目して』大阪大学出版会

村岡貴子（2018）「第1章　大学と社会をつなぐライティング教育の視点」村岡貴子・鎌田美千子・仁科喜久子（編著）『大学と社会をつなぐライティング教育』pp.3-13.　くろしお出版

村岡貴子・因京子・仁科喜久子（2013）『論文作成のための文章力向上プログラム―アカデミック・ライティングの核心をつかむ』大阪大学出版会

Dudley-Evans, T. & St. John, M. J. (1988) *Developments in English for Specific Purposes: A Multi-Disciplinary Approach*. Cambridge: Cambridge University Press.

Hutchinson, T. & Waters, A. (1987) *English for Specific Purposes: A Learning-Centered Approach*. Cambridge: Cambridge University Press.

Swales, J. M. (1990) *English in Academic and Research Settings*. Cambridge: Cambridge University Press.

第2章

日本における留学生教育をめぐる状況と留学生のQuality of Lifeの向上を目指した支援体制

有川友子

本章では、はじめに、2020年春から世界的パンデミックとなった新型コロナウイルスの影響を受けた留学生と留学生関係者の状況を簡単に紹介した後、日本の大学における留学生教育支援体制をめぐる状況について概観する。その後、日本の大学において留学生のQuality of Lifeの向上を目指して取り組む支援体制について、大阪大学国際教育交流センター IRIS（留学生交流情報室）における活動を中心に紹介し、留学生の立場を尊重した教育支援のあり方について検討する。

1 はじめに

1.1 新型コロナウイルスの影響を受けた留学生

留学生の受け入れ・派遣は、平和だからこそ可能であることを痛感した2020年だった。世界的なパンデミックとなった新型コロナウイルス拡大に伴い、全てが大きく影響を受けた。2021年に入ってもその影響が続いている。そして、今後もまだしばらく続く可能性が高い。

2020年は、新規留学生、既に在籍している留学生、日本人など一般学生、教育にかかわる教職員の全てが影響を受けた。2020年春に留学開始予定だった留学生は、既に

留学の準備を行っていたものの、出発直前の2020年3月、渡日が突然不可能になった。当時情報が不足する中で、留学の半年もしくは1年の延期、または留学自体の中止を決断した留学予定者もいた。

また受け入れ留学生だけでなく、交換留学等で海外に派遣していた本学の学生も大きく影響を受けた。海外での突然のパンデミックの急速な拡大と混乱の中、急遽留学を中断して帰国した学生がいた。また2020年開始予定だった留学が中止となった学生もいる。2021年初めの時点でこの春からの留学を目指す学生もいれば、留学自体を諦めた学生もいる。

留学は人生の中で重要な意味を持つ。留学がその後の人生やキャリアにつながる。2020年春からの新型コロナウイルス拡大という全く予期せぬ事態により、受け入れ・派遣ともに学生の留学プランが大きく影響を受けることになった。

1.2　新型コロナウイルスの影響を受けた留学生関係者

留学生受け入れにかかわる大学関係者の立場からは、2020年は特に新規留学生受け入れについて制限が続き、大きく影響を受けた。一方で、2019年までに大阪大学に留学し、在籍している留学生も多くいる。2020年5月1日現在で2,611名の留学生が在籍していた[1]。

2020年から1年が経ち、新型コロナウイルスに関する知識や経験を得る中で、少し落ち着いてきた面もある。感染対策をし、「大阪大学の活動基準」[2] に従いながら、オンラインによる授業やさまざまな活動を行った1年であった。その一方で、それまで当然であった対面での活動が自由にできない状態が長期間続き、対面での教育支援や活動の重要性を痛感した1年でもあった。

しかしながら、このような新たな状況の中においても、平時から大事にしている留学生のQuality of Life（QOL）

向上を目指すという基本は変わらない。この基本をベースにしつつ、緊急時（有事）においては、可能な範囲で、柔軟に迅速に対応していくことが重要である。

　本章では、留学生のQOLを目指した留学生教育と支援にかかわる体制とその取り組みについて説明する。

2 ｜ 日本における留学生の状況

2.1　全国の留学生数の推移

　日本全体で受け入れている留学生数は、2019年（令和元年）5月1日現在で312,214人（前年比13,234人（4.4%）増）[3]であった。この数字は新型コロナウイルスの影響を受ける前の人数である。2020年以降の留学生受け入れ状況には大きく変化があると思われる。留学生の推移は図1に示された通りである。

2.2　日本の高等教育機関における留学生教育支援体制の変化

　日本の高等教育機関における留学生の受け入れは国の政策と密接に関係している。1983年に打ち出された「留学生10万人計画」[4]のもと、1990年代以降、当時の文部省令により全国の国立大学に留学生センターが設置された（例：大西2016: 13）。その後、2009年の「留学生30万人計画」[5]のもとで、留学生受け入れ態勢整備や学部英語コース設置を含む「国際化拠点整備事業（大学の国際化のためのネットワーク形成推進事業）」いわゆる「グローバル30」[6]事業が行われた。近年はグローバル人材としての留学生の就職支援にかかわる事業[7]が推進されている。

　1980年代以降、今日まで約半世紀の日本の高等教育における留学生受け入れ政策について、例えば大西（2016）は、大学における留学生の捉え方と留学生支援体制の変遷を4つの時期に分けている。具体的には「留学生数の急増

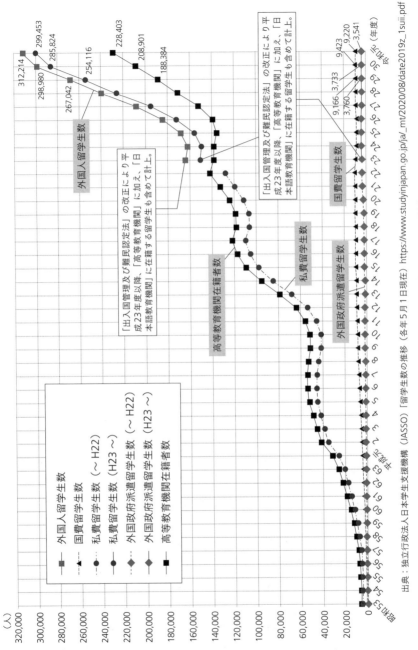

図1　日本における外国人留学生数の推移（各年5月1日現在）

出典：独立行政法人日本学生支援機構（JASSO）「留学生数の推移」（各年5月1日現在）https://www.studyinjapan.go.jp/ja/_mt/2020/08/date2019z_1suii.pdf

第1部　留学生の研究活動を支える日本語教育と教育研究支援体制

と個別対応の限界（第一期：1980年代〜90年代前半）」「留学生センター中心の支援の拡充（第二期：1990年代後半〜2000年代前半）」「国際貢献から高度人材としての留学生へ（第三期：2000年代後半）」「グローバル人材への関心と留学生支援の拡散（2010年代〜）」（大西2016: 12-19）とに分け、それぞれの時期の特徴と課題について説明している。

　これらを振り返ると、日本の高等教育の留学生受け入れ政策は、国や経済界等と密接にかかわる中で行われてきたことがわかる。今後、例えばグローバル人材としての留学生就職支援について、2020年の新型コロナウイルス拡大に伴う変化の影響を受けることになるのか、注視していく必要がある。

　国立大学における留学生の受け入れ体制に関しては、2004年の国立大学法人化後に変化があった。留学生センターの設置基準を各国立大学法人の判断で設けることが可能になったのである（大西2016: 16）。これにより各大学のさまざまな事情を反映して、組織体制も人員も多種多様になった。

　大学としての留学生受け入れ数値目標や派遣数値目標は設定されている。また、優秀な留学生の受け入れを増やす、卒業・修了後に優秀な人材として日本の企業に就職させるという、いわゆる入り口と出口についての関心と議論は多くある。その一方で、留学生が入学後、卒業・修了するまでの在籍期間における教育支援については各学部・大学院に任され、大学全体としての関心は相対的に低い。大学法人化後約15年を経て、留学生受け入れ派遣を含め、大学全体としての体制整備の差が広がっている。

　このような状況の中で、どのように留学生の教育と支援にあたるのが良いのか、どのような理念で行っていくことが望ましいのか、大阪大学国際教育交流センターのケースを紹介しながら、検討していきたい[8]。

3 | 大阪大学における取り組み
——留学生のQOLの向上を目指した支援体制

3.1 大阪大学国際教育交流センター

　　筆者が所属する大阪大学国際教育交流センター（以後「国際センター」と呼ぶ）は、全学的な留学生教育支援組織である。国際センターは、学内共同利用教育研究施設として1994年設置の旧留学生センターの時代から、日本語教育、短期プログラム、そしてIRIS（留学生交流情報室、以後「IRIS」と呼ぶ）を核とした留学生支援を全学の留学生を対象として行っている。前述のグローバル30事業に伴い、2009年に全学的に一元化したビザ関連支援や宿舎情報提供等を行うサポートオフィスの機能を加え、2010年に国際センターに改組された。

　　IRISは当初吹田と豊中の2キャンパスに設置していたが、2007年の大阪大学と大阪外国語大学との統合後、箕面キャンパスを加え、3キャンパスに設置され、そこを拠点に全学の留学生を対象としたQOL向上を目指す取り組みを行っている。

　　次の3.2では、全学の留学生のQOL向上を目指す上での理念と、それを実現するために行っている国際センターIRISをベースとした留学生アドバイジングの活動を中心に紹介する。

3.2 留学生のQOL向上を目指す上での理念

　　留学生のQOL向上を目指す上での理念として最も大事にしていることは、「留学生の立場を尊重する」ことである。留学生が留学先において健康で安心安全の環境の中で生活し、勉学や研究に励み、学位取得やプログラム修了といった留学当初の目標達成できること、そのことが実現できるように、留学生にかかわる教職員は、教育研究指導、その他のサポートすることである。

3.3 「留学生」とは

　読者の中には「留学生」というと、日本語を母語とせず、海外で生まれ育ち、高等学校もしくは大学まで海外で教育を受けて、初めて日本に留学してきた外国籍の学生と思う人も多いだろう。もちろん、これらの留学生も多い。しかし、それ以外の学生も少なくないことを、簡単に紹介しておきたい。日本国籍を持ち、海外の学校教育を受けてきた学生、外国籍を持ち、日本で生まれ、日本の学校教育を受けてきた学生、海外で生まれ、幼少期もしくは小中高等学校の段階で来日して日本の学校教育を受け、「留学」以外の身分で学ぶ学生もいる。また、日本において多国籍の家族で育った学生もいる。これらの学生の中には、インターナショナルスクール出身の学生もいる。実にさまざまな学生が学んでいる。

　本章では、日本語を母語とせず、海外の学校教育を経てきた学生を「留学生」と呼ぶ。

3.4 マイノリティである留学生の教育と支援の在り方

　留学生も、基本的には日本人など一般学生（以後、「一般学生」と呼ぶ）と同じ学生としての身分がある。しかし、言語・文化・社会等の背景が異なることの多い留学生への対応は、一般学生と完全に同じにはならない。ただし、それは、留学生というだけで、大学側が特別扱いすることや甘やかすことではない。学生として受け入れた以上、卒業・修了に必要な条件やプロセスを明確に最初に説明し、必要な配慮はしつつ、一貫した態度で教育と支援にあたる必要がある。

　留学生の教育と支援は、学生として所属する学部・研究科（以後「部局」と呼ぶ）が行うことから、大学全体としての留学生教育支援組織は必要ない、と思う人もいるかもしれない。しかしながら、マイノリティである留学生の立場

は弱い。現在の日本の大学及び大学院（以後「大学」と呼ぶ）において、マイノリティの立場にある留学生の教育支援にかかわる全学的組織体制は不可欠である。このことについて、この後、国際教育交流センターIRIS（留学生交流情報室）の活動を紹介しながら説明していく。

3.5 国際センターIRIS（留学生交流情報室）の活動：予防的観点

3キャンパスの国際教育交流センターIRIS（留学生交流情報室）[9] では、各種の留学生相談対応や活動を行っている。日常的に行っている個別の相談対応、情報提供、学生間交流、地域との交流などが主なものである。IRISは学生がいつでも安心して相談に来られるし、リラックスできる場所となることを目指している。留学生数の多い部局の中には、独自に留学生相談室等を持つところもあるが、相談室がない部局も多い。国際センターIRISには全学のどの留学生も相談に来ることができる。大学として全ての留学生に対して同じサービスとサポートを提供している。

留学生からの相談対応の他に、IRISをベースとした取り組みには予防的観点からの活動も多い。1人で海外から来日する留学生が孤立しないことを重視している。来日初期の段階から、他の留学生や一般学生とのつながりに加え、地域とのつながりやネットワークを留学生自ら広げることができる機会を多く提供するように心がけている。

孤立しがちな留学生が、留学先において安心できる場や環境を持つことができるか否かが、その後の留学生活において重要となる。特に大学院生の場合、指導教員等からの研究指導や研究の進捗はもちろんのこと、所属研究室での人間関係も重要である。また、所属先部局に加えて、大阪において複数のつながりやネットワークがあることが大事である。

IRISは、研究生活を送りながら、ほっと一息できる場

として存在するだけでなく、留学生会などを通した学生間のつながりや、その他のさまざまなコミュニティなどへ参加する機会や場を提供することで、留学生が主体的に活動し、健康で安心安全に勉学や研究に励みながら、学位取得などの目標達成を目指せるといった環境の維持を目指している。

3.6 留学生主体のコミュニティやネットワークの支援

留学生主体のコミュニティやネットワークがあることは、留学生同士で相談し合い、サポートし合うことが可能となる。孤立を防ぐ意味からも留学生同士、その他の学生や地域の人々とのつながりは重要である。

例えば、留学生本人からではなく、友人のことを心配した留学生からIRISに相談が入ることがある。また、地域で留学生とかかわりのある、例えばホストファミリーからIRISに相談が入ることもある。こうしてIRISが留学生の状況を把握し、本人はもちろん、関係者と相談しながら、対応することにつながる。

また、IRISと各留学生会等とのつながりも重要である。全ての国・地域の留学生会があるわけではないが、留学生の出身国・地域などをベースとした複数の留学生会がある。留学生会から要望、また情報が入ることもある。一方で、大学側からコンタクトするにあたり、部局等のルートと並行して、各国留学生会等のルートを通して連絡することもある。

また、留学生と地域との交流を通してのつながりは、大学とは異なる環境で、留学生本人にとっても地域にとっても重要である。例えばホームビジット型のホストファミリー[10]と充実した交流ができた場合、留学生にとって、ホストファミリーが日本の家族のような存在となる。一緒に食事し、家族との語らいの中で、ほっとする時間を過ごす

ことができれば、そこが、日本での一つの大切な居場所となる。留学生活が順調に送れている場合も、そうではない場合も、複数のつながりの中で留学生がそれぞれの必要に応じて他者と相談し、関係していく中で、何とか前へ進むことが可能となることもある。

　ホストファミリーと留学生とが家族のような関係になり、留学生の母国の家族が来日した際にホストファミリーが一緒に歓迎したり、ホストファミリーが留学生の母国を訪ねて家族ぐるみの交流を行うなど、帰国後もそのつながりが続くケースもある。個人レベルでのこれらの日常的な交流は留学生にとって安心できるネットワークやコミュニティが広がる貴重なつながりである。

　次の4では、全学的に留学生の教育支援にかかわる立場から、留学生のQOLを目指す上で大事なことについて説明していく。

4 留学生アドバイジング
——留学生の立場を尊重した教育と支援の在り方

4.1　留学生アドバイジングの基本
——留学生の立場を尊重する支援の在り方

　留学生アドバイジングの基本は、留学生の立場を尊重した対応と支援であり、留学生が健康で安心して勉学し、研究することができる環境整備に努めることである。留学生が勉学や研究を行う中で、厳しい中にも充実した生活が送れること、また困ったときには相談できるところがある、と思える環境が大事である。

　留学生にとって、日本で生活をしていくこと、日本の大学もしくは大学院において授業を履修し、単位取得し、研究し、必要条件を満たし、学位取得していくことは大変なことである。日本で生まれ育ったとしても、初めて大学に入り、大学院に入るのは新たな経験である。海外で生まれ

育ち、日本で初めて生活が始まる中、母語ではなく日本語で学ぶことは大変なことである。英語でのコミュニケーションが可能な場合もあるが、日本の大学のシステムの中で各種手続きを行い、生活していくことは、大きなチャレンジであろう。その後ある程度日本での生活に慣れていったとしても、それまで経験したことのない新たな問題や困難に遭遇する可能性もある。

　上記のような問題や困難に対しては、基本的には各留学生が個人で対応することであるが、特に重要なことや複雑な手続きが必要になった場合などは、完全に留学生に任せるのでなく、教職員サイドからの確認やフォローも必要である。

4.2　正規課程（特に大学院レベルで学位取得を目指す）留学生への対応の在り方

　ここでは、留学生アドバイジングの観点から、大学院レベルで学位取得を目指す留学生にかかわる対応で特に注意が必要なことについて述べておきたい。すなわち、学生の視点に立ち、入学から進学、修了に至るまでの長期的な対応の視点や、個々の局面における丁寧なコミュニケーションと予防的観点について説明する。

　研究生であれ、正規生であれ、留学生受け入れ時の最初のスクリーニングが重要である。大学院で勉学や研究を行う能力があるか、試験や成績など、可能な限りの情報を踏まえた判断が必要である。そして、ひとたび受け入れた後は大学に責任が生じる。

　大学院レベルの留学の場合、大学院において勉学・研究活動に従事する必要がある。例えば、研究生として受け入れたが、大学院に進学できなかったとしよう。そのとき、結果は本人の責任であり、大学は関係ないと言えるだろうか。不合格は不合格として、次にどうするのか、受け入れ

た側が留学生と適切に、かつ十分にコミュニケーションを取るべきであろう。きちんと話して、説明し、本人の意向も確認し、どうするか、留学生とともに考えることが必要である。繰り返しになるが、受け入れた以上、責任がある。

　留学生を受け入れた時点で、その後の予定や条件等について説明して合意しておいたほうがよい。例えば、半年後の大学院入試に不合格になったらどうするのか、もう1回チャンスがあるのか、合格しなければ、他大学へ進学するのか、もしくは帰国するのか、あらかじめ話しておく。その後、仮に不合格となった場合には、本人に任せるのではなく、改めて話し合いを持ち進路を確認するべきである。

　留学生の立場からは、一度不合格になっても、受け続ければ合格すると思うかもしれない。また、日本とは異なる留学や博士号の意味や価値を持つ母国から、家族や親戚等の期待を背負って留学してきているというプライドやプレッシャーを抱えている留学生もいる。十分な対話としっかりとした説明が重要であることを改めて述べておきたい。

　入学した後も、さまざまなことが起こり得る。留学生が教職員には何も弱音をはかずに、自分で解決しようとするうちに深刻な事態に陥ることもある。具体的なケースの紹介は控えるが、留学生関係者も多様な背景や事情を持つ留学生がいるということを想像し、その上で、その状況を理解しようとすることが大事である。

　留学生の在籍期間中、所属する研究室とのつながりは重要であり、それだけでうまくいく留学生もいる。一方で長期間の留学生活において、研究室しか居場所がない場合には、逃げ場がなくなってしまうことがあるかもしれない。もし研究室以外にも複数の居場所があれば、いったん他の場所で一息ついて、また研究に戻るということも可能かもしれない。少なくとも、そのような場がある、と思えるこ

とが、留学生本人の気持ちや物事の捉え方に関係することがある。

　留学生も周囲の関係者も、大変な事態になる前に予防をすること、また何か起こった場合、初期対応できるように準備しておかねばならない。問題を抱えている留学生には、いつもと異なる様子が見られることがある。日常的にかかわる人たちであれば、留学生の普段の様子を把握しており、いつもと異なるサインに気づくことができるだろう。その予兆に気づいて、留学生の相談に乗るなど、深刻になる前の段階で対応することを目指したい。事態が深刻化してからの対応になると、本人はもとより、関係者全員が多大な負担を抱え込むことになる。ただし、仮にこうした負担を経験した場合でも、一事例のみで過剰に一般化し、留学生や留学生受け入れに対する否定的な印象を生むことは、避けなければならないと考えている。

4.3　留学生と接する上で基本であり大事なこと

　留学生を多く受け入れた経験のある部局、教職員、研究室等がある一方で、留学生にかかわる経験が少ない部局もあり、教職員もいる。後者の場合、外国人として特別扱いするか、とにかく自分たちのやり方を一方的に押し付けるか、といった極端な対応がなされることがある。望ましいのは、そのどちらでもなく、基本的に、同じ人間として接すること、留学生の立場をふまえた上で、わからないことについては丁寧に説明したり、配慮したりする必要がある。

　「暗黙の了解」や「察するだろう」ということではなく、例えば、学生として卒業・修了までに必要なこと、大学としてできること、できないことについて、明確に伝えることが大事である。言語の問題などでコミュニケーションが難しいこともあるかもしれないが、お互いにリスペクトをもって接することが大切である。教職員と学生の立場

は異なるところはあるが、人間として根本のところは同じである。

　自分のやり方とは異なる考え方や価値観の相手にどのようにコミュニケーションを図り、勉学や研究の成果をあげていくのか。お互いを尊重して、意見を聴くこと、自分の考えを押し付けないこと、お互いによく話をし、聴いて、そこからどう解決できるか、一緒に考えていくこと、そのことが、アドバイジングにおいての基本であり、最も大事なことである。これは何も留学生にかかわることだけでなく、学生、教職員を問わず、どの相手にも言えることである。同じ場所を共有する人々や同じ目的を持つ人々が協力しながら活動していく際の基本の姿勢である。

5 連携協力と役割分担とコミュニケーション

　留学生の対応には、留学生個人との対応だけで終わるものもあるが、そうとは限らないケースもある。留学生にかかわる教職員等関係者の間での連携協力と役割分担とコミュニケーションが重要となるケースもある。特に国際センターIRISは全学的組織であることから、さまざまな部局の留学生にかかわる相談が寄せられ、情報が届く。

　留学生がIRISに直接相談に来て対応することももちろんある。しかし、その他のルートで情報が入り、部局と連携して対応することもある。また、部局の留学生相談室等のスタッフとのネットワークもある。これらのさまざまなネットワークを活用しながら、国際センターIRISは大学全体としての留学生の支援に取り組んでいる。留学生にとって、大学全体としてきめ細やかなネットワークがあり、セーフティネットがあることが重要である。

　留学生にかかわるケースについて、IRISが直接対応したほうが良いものもあれば、留学生が所属する部局が担当

したほうが良いケースもある。また部局といってもさまざまな関係者が存在する。留学生の指導教員、研究室、担当職員、国際交流室（留学生相談室）関係教員、職員、大学の健康にかかわる部署、ケースによっては学外との連携も必要となる。

　国際センターとして、そのケースについて、まず誰に相談し、コンタクトするのがベストか、という判断が要求される。その判断の際に重要となるのが、留学生にかかわるケースの経験と蓄積とともに、関係者間の日常的な形でのネットワークやコミュニケーションである。本人の了解を取りながら、必要に応じて部局関係者と、適切に、かつ迅速にコミュニケーションを取りながら対応していかなければならない。

6 おわりに

　留学生のQOL向上を目指す体制と留学生にかかわる教育と支援においては、留学生の立場の尊重が基本であり、日々の丁寧な対応と地道な努力の積み重ねが大事である。

　留学生が、在籍期間の勉学や研究において、厳しい中にも、健康で安心安全の環境にて充実した生活を送り、プログラムや課程を修了し、次のキャリアへ進むこと、そのことが最も重要である。そのために大学として留学生の在学中のQOL向上を目指さなければならない。しかし、これは大学側の押し付けではなく、留学生が主体的に活動できる環境を整えることが前提である。そして困ったことがあれば、留学生が気軽に相談し、対応してもらえること、そこではきちんと自分の話を聴いてもらえること、さらに大学その他のシステムについて、丁寧にわかりやすく説明してもらえること、すなわち留学生が信頼し安心できる大学であることが肝要である。

留学生が留学先においてどのような生活を送ったか、勉学研究その他の活動において、困難な中にも乗り越えることができて、留学生活に満足していれば、そのことを周りの家族や友人に話すことになる。そのことは大学の評価と魅力につながる。逆に留学生が満足しなければ、周りの人へその評価が伝わる。

　人生のある時期を日本そして大阪大学で過ごした留学生が、その後の人生の中で意義のある留学であったと思えるかどうか。そう思ってもらえる魅力ある留学先となるべく、留学生のQOL向上を目指した各種活動に、学内外の関係者と連携協力しながら、引き続き取り組んでいきたい。

注

[1] 大阪大学に「留学」の身分で在籍している外国人留学生数であり、学籍付与したものの、2020年5月1日時点でまだ渡日できていない学生を含む。https://www.osaka-u.ac.jp/ja/guide/about/data/international.html （閲覧日：2021年3月11日）

[2] 大阪大学の活動基準については、その時点の政府や大阪府等の状況を踏まえて、大阪大学の授業、研究、事務、会議・イベント、共同利用・インフラ、課外活動について、大学としての方針が決められている。以下のURLにて最新の活動基準について参照可能である。https://www.osaka-u.ac.jp/ja/news/info/corona/kijyun （閲覧日：2021年3月4日）

[3] 独立行政法人日本学生支援機構（JASSO）の「2019年（令和元）年度外国人留学生在籍状況調査結果」のデータによる。https://www.studyinjapan.go.jp/ja/statistics/zaiseki/data/2019.html （閲覧日：2021年3月4日）

[4] 文部科学省「留学生受入10万人計画」https://www.mext.go.jp/b_menu/hakusho/html/others/detail/1318576.htm （閲覧日：2021年3月4日）

[5] 文部科学省「「留学生30万人計画」骨子の策定について」https://www.mext.go.jp/a_menu/koutou/ryugaku/1420758.htm （閲覧日：2021年3月4日）

[6] 文部科学省「G30ウェブサイトについて」https://www.mext.go.jp/a_menu/koutou/kaikaku/1383342.htm （閲覧日：2021年3月9日）

[7] 文部科学省「「留学生就職促進プログラム」の選定結果について」

https://www.mext.go.jp/a_menu/koutou/ryugaku/1386454.htm　（閲覧日：2021年3月4日）

［**8**］本章は、教育人類学を専門とする筆者のこれまでの研究（例：有川2016）と、国際センターでの20年以上の留学生にかかわる仕事を通して学んだことを率直に述べたものである。

［**9**］国際センターのIRISを含めた各種活動は国際センターHPにて閲覧できる（http://ciee.osaka-u.ac.jp/）。IRISにかかわるのは国際センター交流アドバイジング研究チームの教員とスタッフである。日常的に3キャンパス間でのコミュニケーションを図りながら、日々連携協力して対応している。具体的な人員体制の詳細は省略するが、留学生QOL向上を目指す理念を実現するためには、留学生にかかわる教職員の雇用の安定が不可欠である。

［**10**］2020年と2021年春の留学生対象のホームビジット型のホストファミリープログラムは新型コロナウイルスの影響により中止した（2021年3月現在）。

参考文献　　有川友子（2016）『日本留学のエスノグラフィー──インドネシア人留学生の20年』大阪大学出版会

　　　　　　　大西晶子（2016）『キャンパスの国際化と留学生相談──多様性に対応した学生支援サービスの構築』東京大学出版会

35

第2章　日本における留学生教育をめぐる状況と留学生のQuality of Lifeの向上を目指した支援体制

第3章

留学生への
日本語プレゼンテーション教育
研究室と日本語教育を結んで

福良直子

　　　　プレゼンテーション能力は、研究成果の発信を行う大学院
　　　レベルの留学生にとって必要不可欠なものである。本章で
　　　は、大学院レベルの留学生を対象とした15週間の集中的
　　　な日本語プログラムでの教育活動を取り上げる。具体的に
　　　は、専門分野の知識や経験を有する留学生が、教師のサポ
　　　ートを受けつつ、発表原稿やスライドなどのプレゼンテー
　　　ション資料を準備する過程の一部を示す。当該のコースで
　　　は、総合的な日本語学習に加え、留学生の専門分野の内容
　　　に関するプレゼンテーション活動を通して所属研究室との
　　　関わりを深めつつ、日本語による本格的な研究活動へのソ
　　　フトランディングを促している。

1 ┃ はじめに

　　本章の目的は、研究室と日本語教育を結ぶ、初級段階か
らのプレゼンテーション教育の意義と可能性を示すことで
ある。
　　村岡（2012）では、修士か博士、あるいはその両方の学
位取得を目指す留学生にとって、大学院の授業履修に加
え、研究活動を円滑に行うための日本語能力、例えばゼミ
での発表、学会発表、および論文執筆のための日本語能力
獲得が極めて重要であると述べられている。

また、日本で就職した元留学生へのインタビュー調査を
行った菅長・中井（2015）では、論文執筆や研究発表の経
験が、論理的な思考能力やプレゼンテーション能力の涵養
につながり、それらが仕事に活かされていることが明らか
にされており、プレゼンテーション能力は、大学卒業後、
大学院修了後も必要とされるものと言える。

　このように、プレゼンテーション能力育成の重要性が認
められているものの、福良（2017）、福良・横川（2021）で
指摘のあるように、日本語教育学における初級レベルを含
めたプレゼンテーションに関する研究は、その数がまだ少
ない。プレゼンテーションを含む、アカデミックな目的の
ための専門日本語教育に関して、初級レベルを対象とした
研究が十分に行われてこなかった背景の一つとして、福良
（2017）では、春原（2006）、粟飯原（2013）、矢沢（2013）
の主張をもとに「専門日本語教育とは本来、従来の日本語
レベルの高低とは独立して語られる性質のものであるにも
関わらず、「初級段階では日常場面を扱う」、「専門的内容
を扱うのは上級レベルになってから」といった認識が、教
える側に暗黙裡に存在する」（p.24）と指摘している。

　本章では、大学院レベルで日本語が初級後半段階の学習
者を対象とした、専門分野の内容に関するプレゼンテーシ
ョンの教育実践について、事例をもとに検討する。

2 ｜ 先行研究と本研究の位置づけ

　本節では、プレゼンテーション教育関連の先行研究の中
で、関連の書籍や論文を調査したものを概観した上で、本
研究の位置づけを試みる。

　まず、プレゼンテーションを扱った日本語教科書の分析
として、深澤・ヒルマン小林（2011）が挙げられる。1991
年から2010年までの20年間に出版された日本語教科書の

うち、口頭発表に関するものと一部に口頭発表の内容が独立して扱われている21冊を分析した結果、主な対象として大学や大学院で学ぶ留学生が想定されており、教科書のレベルは中上級以上が大半を占めていることがわかった。

次に、大学生が獲得すべきプレゼンテーション能力に関する書籍調査として、山下・中島（2010）がある。特に言及が多かった能力として「内容検討能力」「資料作成能力」「話し方（発話）能力」「動作・態度に関する能力」が挙げられており、プレゼンテーションには、多岐にわたる複合的な能力が必要とされていることが示されている。

また、プレゼンテーション教育関連の論文等の調査として、福良・横川（2021）がある。具体的には、2015年から2020年に刊行された、留学生対象のプレゼンテーション教育（日本人学生との共修を含む）関連の文献58本を調査したもので、対象者の日本語レベル別の内訳は、複数のレベルも含め初級レベル（10本）、中級以上（35本）、記載なし（16本）であった。

これら58本の文献は、プレゼンテーション教育の着目点から以下7つのカテゴリーに分類されている。その内訳は「授業実践」（20本）、「評価」（15本）、「発表スピーチ」（6本）、「ビジネス日本語関連」（5本）、「データの扱い」（3本）、「発表資料」（2本）、「質疑応答」（2本）、カテゴリー外（5本）である。プレゼンテーション教育関連の研究は、実践報告と評価に関するものが58本中35本と半数以上を占め、「データの扱い」や「発表資料」「質疑応答」など具体的なアカデミック能力養成に関する研究はその数が限られていることが指摘されている。さらに、プレゼンテーション教育をカリキュラム開発などから大局的に捉えた研究が少ないことも明らかとなった。

大学院レベルの留学生は、専門分野や専攻によっては、必ずしも十分な日本語学習経験を持たないまま来日するケ

ースが多い。本研究により、初級後半というより早い段階
から実施可能な専門日本語教育としてのプレゼンテーショ
ン教育の意義と可能性を示すことは、日本語初級レベルか
ら上級レベルを含めた、大学院レベルの体系的なプレゼン
テーション教育方法の開発および大学院レベルの留学生に
対する、より効果的な日本語教育へ寄与するものと考えら
れる。

3 | プレゼンテーション教育の実践

本節では、福良（2016, 2017）にもとづき、「専門紹介プ
レゼンテーション」の教育実践を取り上げ、日本語による
本格的な研究活動へのソフトランディングを促すために必
要な観点について論じる。

3.1　コースの概要と目的

調査対象は、関西地区のある総合大学における15週間
の集中的な日本語教育コースである。大学院での日本語に
よる研究活動を円滑に行えるようになることを目指したコ
ースであり、入門から初級前半レベル、初級後半レベル、
中級レベルの3つのクラスが開講されている。

本章では、初級後半レベルにおけるプレゼンテーション
教育について論じる。本研究の調査当時、このクラスでは
主に、週6コマ（1コマは90分）の総合的な日本語の授業お
よび週2コマの読解の授業、週1コマの漢字・語彙クラス
とチュートリアルに加え、プレゼンテーションに特化した
授業が週2コマ行われていた。

学習者は、学期中に2回のプレゼンテーションを行う。
学期半ばに実施される「中間発表」および学期末の「修了
発表」である。「中間発表」では、「私のこと」がテーマで
あり自国や家族などについて発表する。「修了発表」は、

学習者が自分の専門やこれまでの研究について紹介するものである。つまり、まず1回目は身近で話しやすいテーマで発表することで、日本語のプレゼンテーション自体に慣れることが目的であり、2回目は内容に関するより客観的な説明が求められている。

　2回目の発表を本章では以下「専門紹介プレゼンテーション」と呼ぶ。専門が異なる学習者に加え、毎回、各指導教員や研究室のメンバーも聴衆として参加する。そのため、専門外の聴衆に対しても自分の専門分野の内容を各自の日本語能力の範囲内で、わかりやすく説明することが主な目的として設定されている。

3.2　専門紹介プレゼンテーション準備活動の流れ

　専門紹介プレゼンテーションの準備は、図1で示した流れで実施される。図1の白い矢印のように、①から②、②から③へ必ずしも一方向に進められるものではなく、教師やクラスメートからのフィードバックや自己推敲により、グレーの矢印で示したように、前の段階に戻りつつ推敲を重ね、改訂作業が行われていく。

　各段階について、以下に説明を加える。①のモデル提示では、過去の先輩学生のプレゼンテーションを録画したも

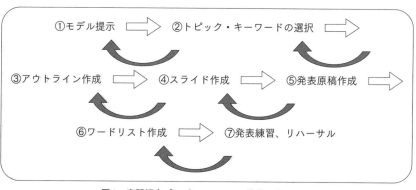

図1　専門紹介プレゼンテーション準備活動の流れ

のをモデルとして示し、良い点や改善すべき点などについて意見を述べ合い、プレゼンテーションに対する一定程度の共通認識を持った上で、各自準備に入る。

②のトピックおよびキーワードの選択は、学習者が各自で専門紹介プレゼンテーションのトピックの候補を2～3挙げ、所属または所属予定の研究室の学生に相談をしてアドバイスをもらってくること、およびキーワードの選択は、候補のトピックに関連するキーワードを複数考え、日本語訳を自分で調べるか、研究室の学生に聞いてくることの2点を宿題として課している。留学生の中には、研究室の日本人学生と日本語でコミュニケーションを取ることが難しいというケースも見られる。そのため、上記の宿題には、研究室のコミュニティにおいて、研究の内容について日本語で話す契機として活用してほしいとのねらいがある。

トピックの選択後は、③のアウトライン作成に入る。アウトライン作成は、プレゼンテーションの構成を考える重要な作業であるため、各自で作成後は、学生同士あるいは教師からの質問、コメントにより再考を促し、改善を求める。

④のスライド作成では、まずアウトラインに沿って、発表内容を示す目次のコンテンツスライドを作成する。それをもとに本文スライドを作成した後、⑤の発表原稿作成作業へ入る。専門紹介プレゼンテーションの発表時間は、3～4分の質疑応答を含み一人当たり10分であり、スライドの枚数は、12枚以内と定められている。

スライドがある程度作成された時点で、日本語担当の教師は、学生に対し、研究室の指導教員から、発表内容に関してアドバイスをもらうよう指導している。その際、日本語担当の教師は、研究室の指導教員に対し、学生が発表資料作成時に困難を感じている点を示した上で、専門的な内容に関して特にコメントしてほしい箇所を明示する。

研究室の教員のアドバイスとは、具体的には、専門分野

の内容の確認やより適切なデータの提示などである。この活動には、プレゼンテーションの質的向上という目的に加え、学生が日本語で研究室の教員と話す機会を作り、それにより、教員に現時点での学生の日本語能力を把握してもらうという効果も見込まれる。

　専門紹介プレゼンテーションの準備活動は、④スライド作成と⑤発表原稿作成の段階では、授業での個別指導が主になる。教師は、スライドと発表原稿の両方に対し、主に口頭でフィードバックを行う。授業前にあらかじめスライドや発表原稿のファイルを提出した学生には、プリントアウトしたものに修正点やコメントを記入し、それをもとにフィードバックを実施する。

　本章が対象とする学習活動では、スライド作成後に発表原稿の作成を始める。発表原稿は、初めから日本語で書くよう指示しているが、中には英語で書いてから、日本語に訳そうとする学生もいるため、発表原稿を先に作成すると、自分の日本語レベルでは表現できない文章を英語で長々と書いてしまうケースも見られる。日本語担当の教師へのインタビューによると「先にスライドを作成したほうが情報が焦点化されやすい」との理由により、スライドを先に作成するよう指示している。

　⑥のワードリストは、発表会当日に聴衆に配布する目的で、日本語と英語を併記したものを作成する。先述したように、このプレゼンテーションの主な目的は、学生が専門外の聴衆に対しても自分の専門分野の内容を各自の日本語能力の範囲内でわかりやすく説明することであるためワードリストに記載する語彙の選択にも、聴衆への配慮が求められる。

　⑦の発表練習、リハーサルでは、日本語担当の教師が各自の発表原稿を読み上げたものを録音し、それをもとに各自発音練習などを行った上で、グループに分かれてスライ

ドを示しながら、制限時間内に発表する練習や質疑応答の練習を行う。最終的には、クラス全体でリハーサルを実施する。時間を超過した場合は、説明を簡略化できる箇所を再度検討し、どうしても発音が難しい表現などは他の表現への変更を促す場合もある。

3.3 口頭発表資料推敲時における教師のサポート

ここでは、プレゼンテーション教育における教師のサポートについて論じる。福良（2016, 2017）では、3.1で述べた初級後半レベルのクラスに在籍する調査協力者9名を対象に、口頭発表資料推敲時の教師によるフィードバック（以下FB）を分析した。教師と学習者の会話データより、教師のFBとして、質問、指摘および助言にあたる箇所を抽出し、推敲を促している対象を調査した。その結果、表1の「5.その他」を除く4つの上位カテゴリーと12の下位カテゴリーに分類された。

その上で、教師と学習者の会話例と学習者が作成したスライドの分析により表1の各上位カテゴリーにおけるFBが具体的に示されている。

表1　教師のFBが対象とした内容のカテゴリー

上位カテゴリー	下位カテゴリー
1. 視覚資料	図表のわかりやすさ スライドの見やすさ（文字サイズなど）
2. 論理展開	情報の関連性・情報の優先順位 情報の提示順序・発表全体の構成
3. 専門内容	専門用語の説明 専門的内容の説明
4. 言語表現	メタ言語表現 文法、文体、表記
5. その他	引用方法および参考文献の書き方 時間管理

（福良2016: 22, 福良2017: 44）

第1部　留学生の研究活動を支える日本語教育と教育研究支援体制

紙幅の都合上、視覚資料に関するFBの例を中心に述べる。プライバシー保護の観点より、協力者の専門分野が特定されないようにした。

　　図2は、FB前の初稿段階、図3は推敲後の最終稿のスライドであり、図2、3ともに、協力者Aのスライドにもとづく筆者の作例である。協力者Aの発表のトピックは自動

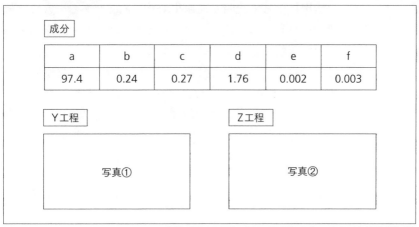

（福良（2016: 23）、福良（2017: 45）にもとづき筆者が作成）

図2　協力者Aの初稿段階のスライド

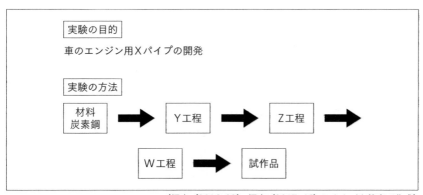

（福良（2016: 23）、福良（2017: 46）にもとづき筆者が作成）

図3　学習者Aの最終稿のスライド

車部品の1つであるＸパイプで、目次のコンテンツスライドには、「Ｘパイプの概要、技術開発の必要性、実験の方法、実験の結果、まとめ」の5点が示された。図2は「実験の方法」の初稿段階のスライドであり、何の成分か表示されていない表と「Ｙ工程」、「Ｚ工程」の2枚の写真が示されていた。

　プレゼンテーションは、ライティングと異なり視覚資料の活用によって説明が簡略化できる側面がある一方で、聴衆が一見してわかるようにレイアウトやデザインを工夫して視覚資料を表示する必要がある。

　教師は、FBの際、初稿のスライドに示された成分の表や写真について、「見ただけではすぐにはわからないと思う」「たぶんアマチュアの人には、Ｙ工程とＺ工程ってどう違いますかっていうのがたぶんわからないと思う」と述べ、専門外である聴衆の視点から不明瞭な点を示すことで、視覚資料の問題点を指摘し、再考を促していた。ただ問題の存在を指摘するだけではなく、何の成分かを明記することや工程はサイクルの図で示すことが多いなど、具体的に代替案が示されていた。さらに教師は、プレゼンテーション資料の内容を深化させるべく、学習者の理解度を必ず確認しながらFBを行っていた。このようなFBは、学習者の日本語レベルや理解力を把握している日本語担当の教師だからこそ十全に行うことができるものであると言える。

　最終稿のスライドからは、教師の助言によって、協力者Ａの既有知識や新たな発想が引き出されていることがうかがえる。新たに実験の全工程がわかる図が作成され、初稿スライドの2枚の写真は、続く次のスライドで使用された。これにより、最終稿のスライドでは、実験におけるＹ工程とＺ工程の位置づけが明確になり、続くスライドで各工程を説明するという構成に改善されたと考えられる。つまり、実験の全体像を示してから各部分を説明するという流

れに修正されたものと言える。さらに、最終稿では実験の目的が「車のエンジン用パイプの開発」と明示されていた。

　以上より、教師による「専門外の聴衆」としての観点からのサポートは、問題点の指摘に加え、その情報だけでは内容の理解が困難な聴衆の存在を意識させる効果があると言える。また、聴衆の視点から不明瞭な点を指摘、質問することは、学習者の既有知識を活性化させ、それにより新たな発想や表現の再考を促し、学習者が視覚資料の選択と表示方法および説明方法への配慮や工夫の必要性を認識する契機となるものと考えられる。

　協力者へのインタビューから、FBの中で最も役に立ったものとして、聴衆が混乱しないよう関連性の薄い情報を削除することやスライドと発表原稿の整合性を取ることが挙げられた。FBを通して学習者は、聴衆への明快な内容の発信を目指して、多角的に思考、分析し、構成や表現方法を検討する重要性を認識できるものと言える。多角的な思考・分析、構成や表現方法の検討ができることは、自ら研究成果の発信を行う大学院レベルの留学生にとって、必要不可欠な能力であると考えられる。

3.4　推敲過程におけるexpertとしての学習者のふるまい

　3.4では、福良（2015, 2017）をもとに、上記のようなFBが対象とした点に対する学習者の推敲過程を分析することで、専門分野に関するexpertとしての役割がいかに反映されているかを示す。

3.4.1　novice-expertとは

　特に言語能力に焦点が当てられてきた従来の日本語教育では、教師の中心的な役割は「日本語をよく知る者（expert）」であり、学習者は「日本語をよく知らない者（novice）」であるといった、単一的、固定的な役割が自明のも

のとされてきたと言える。

novice-expertの概念は、言語社会理論の枠組みにおいて、元来は子供の言語発達の研究で論じられていたものが第二言語習得研究の分野でも応用されるようになった。

日本語では、expertは「熟練者」や「専門家」、noviceは「未熟者」「初心者」などと訳されるが、本研究ではexpertを「専門分野に関する知識、経験を有する専門家」、noviceを「専門分野に関する知識、経験がない素人」と定義する。3.4.2では、「学習者＝novice」という固定的な役割だけではなく、学習者がアカデミックな知識と経験を有するexpertとして、いかにその能力を発揮しているかを示す。学習者と日本語担当教師が、学習者の専門分野に関連する内容について検討する相互行為では、学習者のほうが専門分野に関する知識を多く有しているため、片岡・池田（2014）の指摘にあるように一時的であれ、従来の役割とは異なる学習者のふるまいが見られると考えられる。

3.4.2　協力者Bの事例

ここでは、協力者Bの事例を分析する。トピックは「XXインク」であり、コンテンツスライドには「柔軟電子への注目、XXインクの柔軟電子への応用、XXインクのさまざまな応用、XXインクの製法、将来の研究」の5点が挙げられていた。

初稿のスライドでは、「書く電子［筆者注：Writing electronicsの意］、おもちゃ（キーボード）、芸術（ボディーペインティング）」の3例が挙げられ、発表原稿ではそれぞれに説明がなされていた。推敲後は「書く電子」とおもちゃの説明が削除され、芸術の例の説明として「XXインクで特別なパフォーマンスができます」との一文が加筆された。さらに、それぞれの図に番号とタイトルが明記された。上記の応用例のうち「書く電子」が削除されるに至った過程に

ついて、協力者Bと教師との会話データおよびフォローア
ップインタビューの分析にもとづき考察する。

〈例1：応用例（Writing electronics）の検討場面[2]〉

  1T ：書く電子ねーこれがちょっとね。書く電子は他の
       何か言い方、書く電子はねー。

  2S ：この言葉は英語でWriting electronics.

  3T ：あーそうなんだ。Writing electronics.

（中略）

  7T ：例えば、このケースですね。芸術にXXインクを
       使います。おもちゃにXXインクを使います。書
       く電子にXXインクを使います。ちょっと変なん
       ですね。{タイピングの音}書く電子。

  8S ：先生、この写真はよくない。I can delete it this
       picture いいです。

  9T ：いいと思います。

 10S ：I think, good, delete it, because this and Writing
       electronics. ちょっと同じ。

 11T ：うーん、そうですね。

 12S ：function maybe ちょっと同じ。

 13T ：これはちょっと delete したほうがいいですね。他
       にもいろいろなものに応用されています。

　「書く電子」について、教師は他の表現がないかと指摘
している（1T）。本来なら electronics は「電子」ではなく
電子工学やその技術とするべきであると思われるが、教師
は「電子」のままで検討している。そのため、「芸術／お
もちゃにXXインクを使います」は言えるが「書く電子に
XXインクを使います」は言えないと助言している（7T）。
　これに対してBは、Writing electronics の例が他の例
と機能が似ているため削除すると答えている（10S、

12S)。教師が「書く電子にXXインクを使います」は非文法的であるとして、言語面からの助言を行っているのに対し、Bは自らの専門知識により、類似した機能の例を複数出す必要はないとの判断をしていることがわかる。

　応用例について、Bはフォローアップインタビューで「発表の後、質問の時一番人気がある質問はここでした。I think 全部の質問はここ」と述べていることから、発表後の質疑応答で聴衆からの質問が多かった内容であることがうかがえる。応用例の写真は聴衆にとっては「一番おもしろい」と述べられていることから、聴衆が関心を持つ内容が意識されているものと言える。しかし、応用例の写真は、自身の専門分野においては「重要じゃない」ものであるため、「内容は少ないといいです」と述べ、情報量を少なくしたとの考えが示された。つまり、聴衆が関心を持つ内容よりも、専門の内容において重要度が高い情報が優先されていると考えられる。

　以上により、専門の内容を説明する上でどの情報を優先すべきか、自身の専門知識をもとに判断されていることがわかる。このように、専門の内容における情報の重要度により取捨選択が行われ、プレゼンテーション全体に占める量的なバランスを考慮しながら、推敲が行われているものと考えられる。

　その他の事例として、聴衆の理解度を考慮した上で、スライドの図の取捨選択が行われている例が挙げられる。「XXインクの製法」のスライドでは、初めは2つの例を提示したものの、この分野の専門知識を持たない聴衆にとっては、2つの違いがわかりにくく重要度が低い情報であると判断され、専門内容が厳選されていた。ここから、Bが「専門が異なる聴衆に対し、自身の専門分野の内容を明快に伝える」という専門紹介プレゼンテーションの目的を理解し、その目的にかなった情報を選択しているものと言える。

最後に、発表資料全体で最も改善された点について述べる。

〈例2：フォローアップインタビューより[3]〉

（初稿と最終稿を比較して、どこが最も良くなったと思いますか？）
このスクリプトは簡単な、簡単になります。これが一番いい。
（簡単というのは？）
このスライドはfit……script fit the slide well, better.
（簡単なスクリプトはどうしていいと思いますか？）
簡単は話す人は簡単…んー、easy to speak. How do you say?（話しやすい）話しやすい。そして、オーディエンスはきく、やすい。

Bは、「このスクリプトは簡単な、簡単になります。これが一番いい」と述べた。Bによる「簡単なスクリプト」とは、発表原稿とスライドの整合性がある（このスライドはfit……script fit the slide well, better.）ものを意味する。そして、このような発表原稿は、発表者にとっては話しやすく、聞き手にとっては聞きやすいものとされている。このことからもBが発表資料推敲過程において、「聴衆の存在」を意識していることがうかがえる。このように、プレゼンテーションの目的を理解した上で推敲できていることから、Bが自身のプレゼンテーションのゴールを見据えつつ準備過程を俯瞰的に捉え、取り組んでいることがわかる。

4 研究室と日本語教育を結ぶプレゼンテーション教育の意義

ここでは、福良（2017）にもとづき、前節で紹介したプレゼンテーション教育が、その後の本格的な研究活動においてどのような意味を持つのか、フォローアップインタビ

ューのデータから考察する。前節の教育実践の3年後に協力が得られた2名（BとC）に対し、それぞれ約1時間半の半構造化インタビューを行った。インタビューはICレコーダーで録音し、文字化したものを分析した。

　プレゼンテーションにとって重要な点として、2名の協力者は共通して、以下の3点について言及していた。それは、「研究内容」と「聴衆への配慮」および「練習」である。以下、具体的に述べる。

　プレゼンテーションへの自身の取り組み方の変化について、協力者Cは、研究を始めた最初の頃は、主に日本語の正確さを追求していたが、現在は、研究結果の信頼性に重点を置きプレゼンテーションの準備をしていると述べた。「今はそれ［筆者注：日本語の正確さ］より大事なのが研究者たちの質問、ディスカッション」であるとのコメントからは、日本語の文法や表現といった言語項目の正確さの追求よりも、研究者からの質問に答え、研究内容に関して議論できることをより重視するとの見解が示された。

　また協力者Bは、日本語クラスの後輩へのプレゼンテーションに関する助言として、聴衆が内容を理解しやすくするために「たくさん写真を使用」し、何よりも自分の研究内容を十分に理解しておくことが必要であるとの見解を示した。「十分理解した後、内容はわかりやすくなる」と述べ、内容に対する自分の理解が十分であれば、「おもしろい論文・内容」が選択できるとの考えが提示された。このように、研究内容と聴衆への配慮への重要性が認識され、プレゼンテーションの内容と説明方法の両側面からのコメントがなされていることから、プレゼンテーションがメタ的に捉えられていることがうかがえる。

　一方で、Cは「すべてのプレゼンテーションは作る目的があります」と述べた上で、目的を明確にする必要性を後輩への助言として語った。「作る時にも私の発表に関する

PPTを作ることではなく、聞く人を考えて作れば、もっといいクオリティーを持ったPPTが［筆者注：に］なるんじゃないかなって」とのコメントは、スライド作成の際、自分が発表したいことを優先するのではなく、聴衆のことを考えて作成すれば、より質の高いものになるとの意味であると考えられる。この助言からは、プレゼンテーションにおいて、常に聴衆を意識することの重要性が示唆されているものと言える。

　Cは日本語授業でのプレゼンテーションは、「日本に来て初めての発表」であり、「この経験を大事にしている」と述べていた。発表とは練習が必要な作業であるとの見解が示され、日本語の授業で何度も発表の練習を重ねた経験が「いいスタート」であったと捉えられていた。

　最後に、協力者が3年前に作成したスライドと発表原稿のコピーを見せ、当時の活動を振り返り、学習で役に立っていることがあるかを尋ねた。コメントには、日本語授業と研究室では、内容の専門性の高さに違いはあるとしても、日本語授業で学んだ発表の方法や構成は共通しているため、研究室での雑誌会や研究会、学会でのプレゼンテーションにも活かされていることが示されていた。

　以上より、プレゼンテーションにおける「研究内容」と「聴衆への配慮」および「練習」の重要性に対する意識は、前節で述べたプレゼンテーション教育が原点となり、その後の本格的な研究活動を通してさらに醸成されたものと考えられる。

5 ┃ まとめと今後の課題

　本章で検討した専門分野の内容に関するプレゼンテーション教育実践は、学習者が自身にとっては自明である前提を自明のものとせず、聴衆の理解を得て、その後の議論に

発展させるべく、再度その意味を掘り下げ、多角的に思考、分析し、構成や表現方法を検討するなど、学習者自ら思考を深化させる能力を養うものであった。

　つまり、プレゼンテーション資料作成に必要な言語表現などの習得に限らず、研究に対する姿勢や研究者を目指す者としての意識化を促す意義があるものと考えられる。

　上記の能力こそが、自ら研究成果の発信を行う大学院レベルの留学生にとって必要とされるものであり、専門日本語教育によって涵養される「日本語による研究を行う基盤となる能力」であると言える。

　すなわち、専門日本語教育としての初級段階からのプレゼンテーション教育は、日本語による研究を行う上で基盤となる能力を育成することにより、本格的な研究活動へのソフトランディングを促進するものであり、研究活動のための本質的な素養が養われていれば、今後所属する研究室というコミュニティの一員として、十全に活動することが可能になるものと言える。

　このような「日本語による研究を行う基盤となる能力」を獲得した留学生が、研究室でさらなる日本語能力の向上とともに研究能力を高めていく過程については、今後の調査ならびに分析が必要である。

注

[1] プレゼンテーションは、一般的に、ビジネス場面でも頻繁に用いられているが、ビジネス目的と大学院での研究成果発表の目的は異なるため、本章では、大学院レベルという限定的な表現を目的に加えてある。
[2] 会話データに付された下線は筆者による。説明の都合上、1Tとは1行目の教師の会話を、2Sとは、2行目の学習者の会話を意味する。
[3] フォローアップインタビューに付された下線は筆者による。（　）は、インタビュアーである筆者の発言を示す。

第1部　留学生の研究活動を支える日本語教育と教育研究支援体制

参考文献　粟飯原志宣（2013）「初級からのビジネス日本語教育—香港の大学生を対象としたコースを事例に」『専門日本語教育研究』15, pp.13–18.

宇佐美洋（2014）「分断から統合へ—人間同士の協働を目指す「専門日本語教育」」『専門日本語教育研究』16, pp.3–8.

大関浩美編著（2015）『フィードバック研究への招待—第二言語習得とフィードバック』くろしお出版

片岡邦好・池田佳子（2014）「談話的「不均衡」はいかに解消されるか」『社会言語科学会第33回大会発表論文集』pp.150–153.

片岡邦好・池田佳子・秦かおり（編）（2017）『コミュニケーションを枠づける—参与・関与の不均衡と多様性』くろしお出版

菅長理恵・中井陽子（2015）「理科系ベトナム人国費留学生のキャリア形成—グローバル人材に必要な資質」『東京外国語大学留学生日本語教育センター論集』41, pp.29–45.

仁科浩美（2020）『留学生のための考えを伝え合うプレゼンテーション』くろしお出版

春原憲一郎（2006）「専門日本語教育の可能性—多文化社会における専門日本語の役割」『専門日本語教育研究』8, pp.13–18.

深澤のぞみ・ヒルマン小林恭子（2011）「日本語教科書における口頭発表指導について—日本語パブリックスピーキングの教授法確立を目指した基礎研究」『金沢大学留学生センター紀要』14, pp.29–42.

福良直子（2015）「初級段階からのアカデミックプレゼンテーションの可能性—大学院レベルの研究留学生の観察から」『専門日本語教育研究』17, pp.29–34.

福良直子（2016）「口頭発表準備過程における教師のフィードバック—日本語初級後半の研究留学生による推敲過程に対して」『専門日本語教育研究』18, pp.21–28.

福良直子（2017）「初級段階からの専門日本語教育の重要性とその実践への提言—研究留学生による専門紹介プレゼンテーション資料作成過程から」大阪大学大学院言語文化研究科博士学位論文

福良直子（2020）「留学生によるプレゼンテーションをいかに評価するか—教師と他分野教員に対するインタビュー調査の事例分析から」『第22回専門日本語教育研究討論会誌』pp.12–13.

福良直子・横川未奈（2021）「日本語初級から上級までの体系的なプレゼンテーション教育方法開発のための基礎研究—2015年から2020年に刊行された文献の調査から」『第23回専門日本語教育研究討論会誌』pp.14–15.

村岡貴子（2012）「研究留学生のための専門日本語ライティング教育の可能性」仁科喜久子（監修）『日本語学習支援の構築—言語教育・コーパス・システム開発』pp.77–90.　凡人社

村岡貴子（2014）『専門日本語ライティング教育—論文スキーマ形成に着目して』大阪大学出版会

矢沢理子（2013）「スピーチをコアとした初級からの専門日本語導入—外

交官・公務員コースの実践とその後の展開」『専門日本語教育研究』 15, pp.7–10.

山下雄一郎・中島平（2010）「プレゼンテーション能力の評価方法確立のための書籍評価とその評価法を用いた情報システムの開発」『教育情報学研究』9, pp.63–70.

コラム①

「人となり」がわかる
日本語教育を目指して

福良直子

　大学での留学生に対する日本語教育に携わって、約20年になる。これまで多くの留学生と接してきたが、最も長く関わってきたのが、大学院進学予定の留学生を対象とした、集中的な日本語コースの初級クラスである。今回、本コラム執筆にあたり、大学に保管されていたこれまでの教員間の連絡ノートを見直してみた。

　そこには、ティームティーチングのための授業の引継ぎ内容に加え、学生の様子や印象的だったことばが綴られていた。それらを読み返すとすぐに、当時の授業でのやり取りがありありと思い出された。以下にいくつか紹介したいと思う。

　インドネシア出身のある学生は、妻と一緒に来日しており、数か月後に子供が生まれるのを楽しみにしていた。名前はもう考えているのかクラスメートが尋ねると、大阪が大好きなので「オオサカワナティ」にする、という。クラス中が楽しい笑いに包まれたのを今でも覚えている。

　美学が専門のある学生は、梅雨は雨続きで嫌だ、という話をしていた時、「日本の小学生の黄色い傘とカラフルなランドセルのコントラスト」がとてもきれいで楽しい気持ちになる、と話した。もう何年も前の話だが、それ以降、梅雨の季節が来るたびに、彼のこのことばを思い出す。

　また、ある学生がしばらく授業に集中できていない状態

57

が続き、教師だけではなくクラスメートも心配したことがあった。その様子をあるクラスメートが「○○さんの体は日本にいますが、心は○○（母国）にあります」と言った。日本語教育では「います、あります」を練習する際、部屋の絵を見せたり、教室にあるものを言ったりすることが多い。友人を心配したこの学生のことばを聞いて、改めて日本語を教えるとはどういうことなのか、考えさせられたのを覚えている。

　留学生が日本語の授業で見せる姿は、その人の一面にすぎないかもしれない。しかし、上記のように留学生は、決して十分とは言えない日本語を駆使して、ユーモアのセンスを発揮したり、独自のものの見方を共有したり、仲間を思いやったりしながら、学んでいる。そして、日本語のクラスを巣立ち、それぞれの目標に向かって研究活動を続けていく。留学生の背景やニーズの多様化が叫ばれて久しいが、多様化ということばで一括りにされることで、かえって埋もれてしまう大切なものがあるのではないかと危惧している。

　各々の留学生の斬新な着眼点、それによる比喩や類推の表現、およびその発想からにじみ出る「人となり」は、出身の国・地域や言語・文化の違いを超えて、人間社会の言語コミュニケーションに感動を与え、豊かなひとときをもたらしてくれる。また、それをきっかけに、さらに他者との次のコミュニケーションが続いていく。留学生一人ひとりの「人となり」に触れ、さまざまな発見を伴う印象的で知的なコミュニケーションを通じ、人と人との付き合いが少しでも長く豊かに続けられるためにも、彼らの日本語学習を側面から支援していく存在でありたい。こうした教室内での短くも貴重な時間の積み重ねが、言語・文化などの違いを超え、互いを尊重し、認め合う人間の成長につながるものと信じている。

理学系留学生の主体的学びを促す URA の支援
留学生の研究活動に必要とされる 日本語学習支援とは[1]

卓 妍秀

大阪大学理学研究科・理学部では、英語による学位取得コースの設置、外国人研究者との国際共同研究の奨励など、多様な人材の受け入れ体制を整えて大学のグローバル化を推進している。それに伴い、日本語を使わずに教育を受ける留学生が増えているが、彼らの日常生活や卒業後のキャリア形成のためには、日本語の習得は必要不可欠であり、在学中に日本語学習に取り組む学生も少なくない。このような背景の下、理学研究科・理学部で行われる日本語教育を例にとり、留学生への日本語学習支援の現在の問題点および今後の展望について多角的な視点から議論する。

1 はじめに

　大阪大学理学研究科・理学部では、海外の優秀な留学生を獲得するために多岐にわたる教育プログラムおよび支援体制を確立し、現在、在籍学生数に対する外国人留学生数は1割を占めている。きっかけになったのは、2009年に大阪大学が「国際化拠点整備事業（大学の国際化のためのネットワーク形成推進事業、通称グローバル30）」に採択されたことに伴い、海外から留学生を積極的に受け入れ始めたことである。理学研究科では、入試から卒業まで英語で教育を

受け、単位や学位を取得できる大学院英語コース「統合理学特別コース（SISC）」と「国際物理コース（IPC）」が設置された。さらに、2014年に大阪大学に設置された「アジア人材育成のための領域横断国際研究教育拠点形成事業（CAREN）」に参画することで、新たな学位プログラム「ダブル・ディグリー・プログラム」を構築した。

学士課程においては、「国際科学特別プログラム（IUPS）」を開設し、2021年度から入学生を受け入れている。IUPSは、入学試験と1年次までの講義は英語で実施するが、その後の専門教育課程では日本人学生と共に日本語で受講する、という国際コースである。入学半年前から1年半の間は日本語教育を徹底的に行い、カリキュラムは全て日本人学生の場合と同じで、卒業時の質保証も日本人学生と同様である。

以上から、日本留学における入試や入学の入口を円滑化することによって、理学研究科の特色を活かした国際共同研究の連携を推進している。その他にも、数週間から1年までの期間、短期交換留学生を流動的に受け入れる体制を整えた。このように、世界に開かれた留学生受け入れ体制の整備を進め、多様な文化的価値観を持つ学生が集まり、ともに勉強させることで、大学教育におけるグローバル化の取り組みの成果は着実に向上している。表1に、理学研究科・理学部における特筆すべき、国際化に向けた教育プログラムを示す。

図1は、理学研究科・理学部外国人留学生の推移を在学段階別に示したものである。

2010年に学部・大学院とも英語コースを開設して以降、留学生数は、順調に増加を続けている。なお、新型コロナウイルス感染拡大の影響などを受けて減少した時期も見られるが、大学院の場合は、微増していることが分かる。

留学生受け入れ体制の充実による留学生数の増大に伴

表1　理学研究科・理学部における英語学位コースおよび短期学留学（受入）プログラムの設置の経緯

2009年	大学の国際化のためのネットワーク形成推進事業（グローバル30）採択
2010年	・博士前期・後期課程における英語コース「総合理学特別コース（SISC）」「国際物理コース（IPC）」開設 ・学部英語コース「化学・生物学複合メジャーコース（CBCMP）」における留学生受入（理学部・工学部・基礎工学部が連携）
2014年	海外大学との連携によるダブル・ディグリー・プログラムの実施
2018年	短期留学生受入プログラム「International Summer Program（ISP）」の新設
2019年	・2019年10月入学を最後に「化学・生物学複合メジャーコース（CBCMP）」の募集停止 ・学士課程における新国際コース「国際科学特別入試（IUPS）」の開設

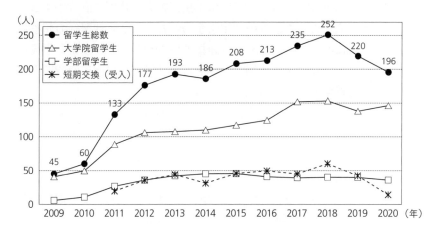

図1　理学研究科・理学部外国人留学生数の推移

い、大学における受け入れ環境においてさまざまな問題点が浮き彫りとなり、それに対応するための新たな体制や仕組みを整えてきた。多様化する留学生受け入れの環境づくりを推進すべく、留学生専門教員を大学リサーチ・アドミニストレーター（URA）として配置し、体制の充実化を図っている。URAは、文部科学省の定義によると、「大学等において、研究者とともに研究活動の企画・マネジメント、研究成果活用促進を行うことにより、研究者の研究活動の活性化や研究開発マネジメントの強化等を支える業務

に従事する人材を指す」（文部科学省よりURA整備事業公募情報ページより一部抜粋）とされているが、大学によってURAの役割および配置方法など、その活動範囲や担当業務は多彩である。理学研究科では、2015年4月に企画推進本部を設置し、専任教員としてURAを配置した。理学研究科URAの現状での業務は、研究環境を整えるための企画・運営・広報への支援や国際化のための支援を行っている。筆者は2015年10月から2020年5月にわたり、国際交流および留学生専門教員・URAとして留学生の教育やサポートに関わることで、留学生が抱える葛藤に直接接する機会があった。外国人留学生の学修・生活・進路等の諸事項に関して学内組織とも連携を取りつつ、留学生が留学後に困らないよう適切な指導を行い、指導教員の研究時間を確保することに貢献している。

　本章では、学修に日本語使用が義務ではない理系留学生にまつわるトラブルなどの事例から、これまでの英語コース留学生における日本語支援の実態はどうであったのか、留学生はどのような問題で悩んでいるのか、教職員が共有すべき点は何なのか等を述べ、留学生が安心して勉学に専念できる環境づくりには何が必要なのかを議論したい。また、理系留学生が日本語学習においてつまずきやすい場面を示し、理系留学生に対する日本語学習支援について考察する。

　次の2では、理学研究科・理学部の英語コースにおける日本語教育について取り上げ、続く3では、主体的に日本語学習に取り組んだ留学生の事例を基に留学生を支えるための日本語学習支援について考察する。その上で、4では、留学生の留学生活における相談内容の具体的な例を示し、今後の課題を検討する。

2 | 英語コースの留学生に対する日本語教育

　2では、学部および大学院の英語コースの留学生に対する日本語学習支援について取り上げる。学士課程英語コース「化学・生物学複合メジャーコース（CBCMP）」では、国際教養教育系科目として「International Communication Seminar」を開講、留学生の日本語能力に合わせた日本語授業を提供している。留学生は、10月入学時の1セメスターから5セメスターの間、計14単位を取得することになる。来日当初に日本語が話せない留学生においても、約2年半後には、中級レベルの日本語習得を目指している。CBCMPの学生は、日本語で行われる専門教育科目（選択科目）を受講できる場合もあるが、留学生自身は日本の一般的知識がない、「読む」「書く」能力は十分ではないと感じているようで、実際に受講するケースはきわめて少ない。英語コースの留学生は日本語習得を目的としていないことや、一般の多くの日本人学生とは異なるカリキュラムで授業を受けているため、専門科目における日本語の授業に多少興味があるとしても、実際に出席するのは難しいのである。このような背景を踏まえて、IUPSでは、最初の1年半の全ての語学科目を日本語に当てており、専門教育課程からは、日本人学生と同じカリキュラムで日本語の授業を受講可能にしている。

　一方、大学院における英語コースの学業の上では、留学生は日本語で発表したり論文を書いたりすることはない。さらに大学のグローバル化を推進する観点から、英語での専門講義科目を増やすことにより、日本人学生の英語講義への参加を促すとともに、日本語で開講される講義においても留学生が受講している場合は、英語による講義を取り入れる傾向にある。しかしながら、大学院卒業後に帰国せず、日本の研究機関や会社に就職を希望する英語コースの

留学生も増えてきていることから、より多くの場面で中上級レベルの日本語能力が求められている。そこで、以下では、現在、理学研究科で取り組んでいる留学生向けの日本語学習での支援について、具体的な事例に基づいて示す。

2.1 JHH（Japanese Half-Hour）における日本語学習およびその効果

　理系の大学院生、特に実験系に所属している学生は研究室で過ごす時間が長く、研究室のチームで行う研究をしている場合、メンバーと時間合わせや研究室内セミナーなどもあるため、所属研究室に在室の上での活動が求められる。また、別キャンパスで開講されている国際教育交流センターでの全学向け授業を受講するためには、キャンパス移動が必要なため、時間の制約で授業の履修自体が難しい学生もいる。

　そこで、理学研究科では、留学生の日本語学習をサポートするために、昼休み時間を活用した「Japanese Half-Hour（略称：JHH）」を開設した。JHHは、「話す・聞く・読む・書く」という日本語の4技能に対し、留学生の希望に合わせて、日本人学生がマンツーマン又は小グループで日本語を教えるボランティア活動である。日本語学習は、留学生が持参するテキストや、備え付けの日本語の教材を使用する他、フリートークで自分の話したいことを明確に伝えることや、日本語能力試験の受験勉強を支援する等の学習者のニーズに応じたサポートを行っている。

　留学生がJHHに望むものは多様である。例えば、日本人と会話できるようになりたい、若者ことばを覚えたい、誰と話しても失礼にならない日本語を覚えたい、さらには、種々の言い回しや敬語の使い方、あるいは、日本の文化、習慣を身につけたいと望んでいる。JHHを始めた2013年には週1回の頻度で開始したものが、講義室があ

ふれるほど学生たちが集まるようになり、日本語能力試験実施日が近づく頃は週2回開催されることもある。JHHに参加した留学生の感想は次のようなものである。

資料1　JHHに参加した留学生の感想[※]

- 教科書を使って文法を勉強しながら、日本民族に関する本を読みました。いつも30分を超えていましたが、実験で研究室にこもりがちなので、1週間のうちに丁度良いブレイクタイムです。（博士後期課程）
- 日常会話術を磨くことができました。（博士前期課程）
- 独学で日本語勉強をしていたのですが、JHHは会話の練習に理想的です。自分のペースでゆっくり進めることができ、楽しみながら、日本語が上達できました。また、日本人と外国人の友達がたくさんできて嬉しいです。（博士後期課程）
- JHHで覚えた若者の言葉を使うと、日本人の友達にもっと近くなった気がします。（博士前期課程）
- 半年間の短期留学中に日本語勉強ができて、とても楽しかったです。文法に詰まると、チューターに熱心に教えていただき乗り越えることができました。帰国してからも日本語勉強を続けたいと思います。（短期交換留学生）

※理学研究科・理学部留学生相談室ニューズレター（第1号〜第10号）および留学生相談室年間報告書より抜粋（一部筆者による翻訳あり）

　JHHは、留学生が日本語母語者と共に学ぶ「会話パートナー」のような形で実施されている。日本語をツールとして使い、学生同士で話し合うことで、自然に留学生と日本人学生の交流も可能になる。JHHの効果としては、留学生のための日本語学習に留まらず、日本人学生の学びも広げることにつながったといえる。留学生から英語を教えてもらいたいとの日本人学生からの要望から「English Half-Hour」が開設され、さらに中国語、韓国語、ロシア語、スペイン語、各々の言語が母国語である留学生が教える「〇〇語Half-Hour」が登場した。特に、英語コースの留学生が受講する授業においては、日本人学生との交流が少ない現状があるものの、このような活動を通して、英語コースの留学生同士で固まりがちな状況を回避し、新たなグループダイナミクスを促す展開が見られる。授業以外の

場で、双方のニーズを満たす理想的な学び場として、留学生、日本人学生の双方が得るものは大きいといえる。

2.2 教育のグローバル化における研究指導の現状

　留学生が在籍する研究室においては、研究課題の進捗状況を報告・議論するセミナー（報告会）やジャーナルクラブ（文献紹介、輪読、抄読会とも言う）の資料作成は英語での作成を推奨している。研究室で行われるセミナーやジャーナルクラブは、留学生の研究テーマに関する知識を得るのに最も重要な場で、そこで行われる議論などで自身の研究の方向性が決まることもある。英語でのセミナーなどにおいては、各々の研究室によって対応されているもの、されていないものがある。また英語で行われる講義の場合は、日本人学生は、嫌そうにはしないが、あまり内容を理解していないところがあるようで、講義が英語で行われると事前に分かっていれば、履修者数が減る傾向にある。講義の際に、留学生のみ英語の資料を配布する、あるいは、教授との個別相談で対応する講義も見受けられる。以下に留学生および指導教員による実際の声を、それぞれあげる。

Ａさん（博士後期課程、入学後半年経過時点）：
　「研究室の学生が日本語で発表する時は、英語で作成されている資料と発表者の手振りを見ながら理解しようとしています。しかし、まだその研究分野に深い知識がないため全く理解できません。また、私が英語で発表する時は、シーンとした雰囲気があります。その中で、なんらかの議論が始まると、途中から日本語で質問が出たりして、日本語でどんどん議論が深くなっていきます。私の研究テーマに関する議論なので、必ず知っておかないといけない内容ですが、自分だけが分からないまま、議論が進んでしまいます。」

X先生（英語コース留学生の指導教員）：

　「研究室のスタッフを含む博士後期課程以上は原則英語で発表、博士前期課程や学部学生は日本語で話しても良いとしています。ただ、留学生から英語で質問がくるので、そのときは横から口を出さないようにして、英語で答えられるまで待っています。難しい議論になると、途中で日本語になることもありますが、そのへんは自由です。ずっと英語でやっていると、英語で話すことがあまり苦痛にならなくなるようです。」

　英語コースの留学生がいる研究室のセミナーについての留学生・指導教員の観点から抽出された問題点を考察する。理系の研究者なら英語による論文執筆や発表が多いため、学術的な日本語の使用の機会やその必要性は実際に留学生が有する感覚以上に軽視されることが散見される（村岡2018）。さらに、教育の場における英語によるコミュニケーションは、多様な教育経験を持つ教員とさまざまな文化背景を持つ学生を共有するため、教員の教育方針や学生がこれまで親しんできた学習方法によりそれぞれ得手不得手がある。教育の支援策としては、国際的に活躍する研究者養成のため、海外の学会で経験を積むなど、海外からの留学生や研究者に触れ合う機会を増やすことも重要であると考えられる。そのためには、学術的議論は英語で行われることが理想ではあるが、研究室の全員が参加して高度なレベルの英語で議論が行われるわけではないのが現状である。仮に、理系の大学院において英語使用が必須となれば、必然的に高校以前あるいは大学時代にもより真面目に英語を勉強するとことが期待されるのではないだろうか。大学教育のグローバル化および国際競争力向上のため、英語力向上を図るとともに、将来の研究者や教育者を目指して本学に入学した留学生に専門分野の知識を深め、研究の

遂行のために必要な日本語能力を備えることも同時に重要であると考えられる。

3 | 英語コースの留学生における日本語学習の事例

　3では、学部および大学院の英語コースに在籍する留学生を対象に、インタビューを通して、日本語学習に対してどのような動機付けを持っているか・自律的に学習を展開させていくのかについて述べる。インタビューの対象者は、大阪大学の英語コース学士課程を卒業し、一般コース博士前・後期課程の修了者（A）、英語コース博士後期課程の修了見込み者（B）と在学生（C）である。表2に、調査対象者の属性を示す。

表2　調査対象者の属性

	地域	性別	渡日年数	学習・研究上の使用言語	調査時の日本語能力	修了後の予定
A	東アジア	男	9年	英語・日本語	N1合格	日本で就職
B	南アジア	男	4年	英語	N2合格	日本で就職
C	東南アジア	女	3年	英語	N4合格程度	母国に帰国

3.1　学部ゼミでの高校教科書日本語訳の活用

　Aは東アジア出身で2011年10月に学部英語コースCBCMPに入学し、2020年3月に理学研究科博士課程を修了、理学博士号を取得した。母国の高校では海外の大学の留学準備課程に在籍していたため、英語で行われる授業科目が多く、大阪大学の学部英語コースは、彼にとって非常に魅力的であった。合格後に日本への留学準備の目的で、数ヶ月の間、日本語塾に通いながら日本語を勉強し、渡日時は簡単な会話が分かる程度だった。出身国は漢字文化圏であることから、漢字は読めたので買い物に不便は感じなかったのだが、日本語塾で学んできた日本語を日常生活で

使える場面はなかった。学部4年間の講義は英語で行われたことや、キャンパス内では英語での会話も行えていたので大きい不便を感じることなく、2年次まで簡単な会話は日本語でできる程度だった。

　Aの日本語力が飛躍的に向上したのは、学部3年の前期にオナーセミナー（少数制対話型ゼミ）に参加したことである。「Y先生研究室の日本人学生たちと一緒に、日本の高校生向け化学教科書を読み、日本人学生は英語で翻訳、留学生は日本語で翻訳する課題に取り組んだ。専門分野の教科書に書かれてある日本語を英語で訳すのは本当に大変な作業であったが、基礎的な科学用語を習得することや、教科書に書いてある文法が勉強できる良い機会となった。もし、この時に教科書を読む機会がなかったら、4年次から研究室に入っても研究内容は理解できなかった」という。また、Aは学部3年後期に理学研究科のサイエンスバディーに参加していた。サイエンスバディーは、理学研究科・理学部の日本人学生と留学生で構成された学生ボランティアグループで、学生同士の国際交流を主眼とする。最初は英語のみで会話したのが、1ヶ月ほど経ってから恥ずかしがらずに少しずつ日本語で喋るようになった。その頃に配属された研究室の日本人の同級生、先輩と仲が良く、3人組で一緒にゲームしたり、カラオケしたり、買い物などへともに出かけたり、日本語会話がかなりうまくなっていくのを実感し、ますます日本語での会話に自信がついた。そして、研究室配属の後3ヶ月が経った4年生の3月に日本語能力試験N1に合格できた。

　次に、日本語能力が急速に向上した背景には、博士前期・後期統合課程の大学院コースへの進学がある。理学研究科の大学院英語コースへの選択肢もあったが、Aは日本語コースに挑戦してみたいと思っていた。大学院生になってからは、授業だけではなく、レポート、申請書等の作成

の全てを日本語で行う必要があったので、非常に大変だった。大学院に進学してから博士前期課程を修了した頃には日本語によるライティングができるようになった。

　「専門日本語」は、自身の研究を遂行するため時間に制限のある留学生が、特に研究場面で必要な日本語を学ぶ目的を目指し、その目的達成のために効果的に学ぶための日本語であると定義づけられる（佐野2009）。Ａは、大学院生になる前に専門分野に関わる科学用語を日本語で習得できる機会があり、大学院での研究活動においても、コミュニケーションの手段として使用言語が英語に限定されていないことで、日本人学生とも十分に意思の疎通ができたのである。英語に慣れていない日本人学生と「日英混合の者同士」という関係が構築され、研究分野の専門用語におけるお互いの言語能力の不足なところを補充しつつ、また、大学院に入る前に基礎知識も整理できる学習効果があったものと考えられる。このような関係性が成立するために、日本人側も留学生が話す日本語を傾聴することが大切であろう。留学生が話す日本語に対して寛容な姿勢を持つことにより、彼らの日本語学習効果が一層上がることが見込まれるのではなかろうか。

3.2　漢字ノートを作って毎日10個の漢字を覚える

　Ｂは、2016年10月に博士後期課程より理学研究科の大学院英語コースに入学した南アジア出身の留学生である。大学院入試は英語で行い問題がなかったものの、日本に到着した初日から、早速、困難に遭遇したという。同じ国の友達とファーストフード店でベジタリアンのためのメニューを注文しようとした際に、店員には英語が通じず、また、店内にいた大学生に通訳を依頼しても通じず、日常生活では日本語ができなければ困ることを痛感したのである。そこで、日本にいる間に日本語を習得することへの決心がつ

いた。1年目は、大阪大学の全学部・研究科の留学生に向けて開講されている国際交流教育センターの日本語プログラムを受講し、ひらがなを覚えることからスタートした。全くの入門から始めるJB100というクラスから、文字習得が終わって初級レベルを学習するJB200というクラスが終了するまでに1年ほどかかった。初級レベルの日本語の基礎が習得できたが、一方で、このペースだと本人が計画したレベルに至るには時間がかかると思い、JB300に相当するレベルでは、図書館で本を借りて2ヶ月ほど独学し、JC400というコミュニケーション方法を学ぶ授業を3週間ほど受講した後は、さらに独学で学習を継続し、日本語能力試験N3に合格できた。ここから日本語の学習が楽しくなってきた。テキストでの日本語学習以外にも、本学の留学生情報交流室での友達との会話も日本語の練習になった。

　漢字を覚えるのが最も難しく、漢字ノートを作って1日10文字を手で書きながら覚えることにした。そして、N3に合格後の5ヶ月後にN2に合格できたため、日本語の学習方法を自分で見つけたと実感し、そのことに満足し、非常に喜んだとのことである。Bは、毎日決まった分量のテキストの勉強を行った上で、日本のドラマの視聴、サイエンスバディーの活動への参加といった座学以外の方法を取り入れることで日本語学習を進めた。また、日本人の彼女ができたことが日本語能力の上達に大きな役割を果たしたものと見受けられる。その後、博士後期課程3年生の時は、研究で非常に忙しくなったため、日本語学習に集中できる時間が取れなかった。博士課程在籍中にBの最終目標であった日本語能力試験N1の合格に挑戦したが、読解で不合格だったため、今後、受験に再チャレンジする予定である。N1に合格できれば、また新しい言語の勉強を始めたいという。

　Bのように、非漢字圏の学生は漢字の学習に苦労することが多く、そのことが日本語学習を途中で諦めてしまう原

因にもなっている。漢字の書き順も自己流で、漢和辞典で漢字を見つけるにも一苦労する。Bは毎日丸ごと漢字を覚え続けたが、ある日、象形文字のような漢字の成り立ちの原理について情報を得て、絵を利用して視覚に訴える方法を取り入れた。これが効果的だったようで、漢字の形状がつかめていないときに比べ、はるかに漢字を覚えられるようになったという。

3.3　研究室での対人関係改善につながる日本語学習

　Cは東南アジアからきた博士後期課程の留学生で、奨学金のことでよく相談室に来る学生であった。修了後は帰国する予定で、在学中に日本語を勉強する意思はあまりなかったが、挨拶が少しできる程度の日本語能力はある。Cが渡日して1年が過ぎた頃、指導教員が厳しく、研究室での生活がとてもつらいと相談に来た。Cの所属研究室は留学生も日本人学生も多い大規模の研究室である。Cの研究と実験については教員から直接指導を受けていて、研究室の報告会で研究室全員の発表を聞いて、ディスカッションを行っていた。Cは、研究室での生活が非常に厳しかったため、研究室を変更するか、もしくは、中退して帰国することを考えていた。

　Cのような例は、理系の研究室においては必ずしも珍しいものではない。平日は朝から晩まで研究室にいなければならない、毎日が忙しくなかなか自由時間が取れない等の理由で、周りの学生と比べると研究室にいる時間が長いことに対してストレスを感じる学生がいる。相談に来る留学生の中には、指導教員の耳には絶対に入れてほしくないという学生も多い。Cも同様で、研究室変更を希望しながらも、指導教員に相談することを避けていたわけである。その後、Cとは月1回程度の頻度で面談を行い、何を考えていてどうしたいのかを聞くことにした。そこで判明したこ

とは、研究室内で気軽に話ができる人がいないため、孤立感を抱いており、実験を進めるために周囲からの助言を得ることさえ難しく、実験途中のミスがあれば叱られるかもしれないとの心配や恐怖感から徐々にストレスが溜まっているようであった。研究分野においては、計画した通りに実験を進めないと他のプロジェクト進行や卒業に影響を及ぼすこともあるため、指導教員は学生の研究進行について細かく指導を行う。学生の中には、その「細かい指導」にストレスを感じ、自分だけに厳しいと思い込む場合がある。

　真面目でシャイな留学生と研究に厳しい教員の間の考え方や感じ方の差異をどう埋めるべきだろうか。Cは、自分の研究報告を英語で発表し、教員からは英語でフィードバックを受けていた。研究室には雑談すらできる人がいなかったので、まず、C自身から日本語で話しかみることにした。例えば、実験について他の人に聞く際に、「Z先生、今大丈夫ですか」と声をかけてみることにした。普段なら英語で「Sure, what's the matter?」で始まる会話が、Z先生は日本語で「大丈夫ですよ。どうしましたか？」と返す。これ以降の会話は徐々に英語に切り替えるものの、その後、Z先生は英語で実験の説明しながら、時々重要な用語を日本語でも教えるように指導の姿勢が少しずつ変化してきたようである。CとZ先生の間では、今まで使わなかった先生の母国語をあえて使うことによって、英語では見せないZ先生の側面を引き出す結果となった。

　異文化間かつ非母国語でのコミュニケーションでは、母語が異なることやそれぞれの人が持つ文化背景が異なることで相互理解が困難な場面がある（有田・佐藤2016）。どちらかの母国語に歩み寄ることは、時として相互理解を助けることにつながる。その後、CとZ先生の会話は少しずつ和やかなものとなっていき、また日本人学生と混ざって研究の話をするようになり、何となくCも馴染んでいる様子

だった。研究室の環境に関するストレスが減り、悩んでいた奨学金も指導教員の推薦状で獲得できたので、かなり落ち着いている様子だった。Cは筆者との面談でこう言った。「Z先生は実はやさしい」。Cにとって日本語は研究室内のネットワークに参画するのに必要な潤滑剤の役割を果たし、それによって研究活動におけるストレスも軽減したと思われる。

4 | 留学生のキャンパスライフにおける支援の事例

　4では、留学生が日本で生活するにあたって生ずるさまざまな悩みや経済・勉学上の問題等について相談できる体制を紹介し、留学生のキャンパスライフの質向上を図るための取り組みについて検討する。

4.1　国際交流サロンにおける支援体制

　理学研究科・理学部の国際交流サロンは、留学中の日常生活や修学上のさまざまな問題に対する情報収集の場として、また、他の留学生や日本人学生との交流の場として広く利用されている。担当教職員が常駐し、さまざまな場面において留学生をサポートしている。留学生にとっては、研究室から心理的、物理的に離れているので指導教員に見つかることもないとの安心感もあるようで、片言の日本語や英語を使って気楽に話せるリラックスできる場所である。また、個別面談および生活相談を通して、留学生のニーズに合う支援を行う場となっている。

　大学院英語コースの入学は、毎年4月と10月に新学期がスタートする。新留学生は、日本国内から進学するケース、母国を離れて初めての外国で生活をするケースなどさまざまであるが、新しい環境での生活に不安を抱く留学生は多い。新入生を対象に入学から3ヶ月ほど経った時点で個人

面談を行い、大学生活における悩みを早期発見する仕組み
を整えた。具体的には、留学生をサポートするために話を
聞いたり、情報を提供したりする。留学生相談室の教員は、
専門的なカウンセリングに必要なトレーニングを受けては
いないが、相談者の表情、姿勢、しゃべり方などを注視し、
状態の変化などを見逃さないように対応している。状況が
深刻である場合は、大阪大学のキャンパスライフ健康支援
センターと連携し、専門医師との面談を設定する。学業不
振、指導教員の変更等の相談内容に対しては、適宜各学科
の留学生相談委員とも連携し、面談を行う【図2】。

　相談内容は、研究や学習における不安、奨学金などの経
済的支援、将来のキャリア形成、日常生活におけるさまざ
まな問題である。留学後に1年近く経つと、研究室内の人
間関係による悩み、研究進行への不安、学習理解の不足な
どによる学習意欲の低下などが増える傾向にある【図3】。

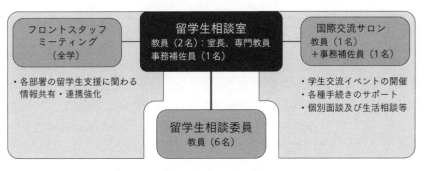

図2　理学研究科・理学部外国人留学生数の推移

凡例：

学業・研究	履修相談、単位取得状況、研究内容・研究指導の相談等
経済的問題	奨学金、授業料免除申請、経済的困窮に関する相談等
進学・就職	入学要件、進学、就職活動、エントリーシートの作成等
対人関係	友人・研究室の対人関係に関する相談、ハラスメント等
その他	在留資格、健康、交流イベント、宗教、事件等

図3　理学研究科・理学部留学生相談内容の割合（2014年–2019年間）

第4章　理学系留学生の主体的学びを促すURAの支援

理系留学生の場合は、生活のほとんどを研究室で過ごしているので、研究室でのコミュニケーションによる問題やストレスが多く、それが不登校、研究室変更、退学の原因になることもある。そのような事態は、留学生と研究室内の教員や同僚の学生間の異文化に対する互いの理解不足に起因すると思われる。研究室に所属していない学部生の場合は、授業内容に対する理解不足による学習意欲の低下、ゲームによる生活リズムの乱れで不登校の原因になるケースも少なくない。

　以下に面談内容を（1）日本語能力に起因する例、（2）研究室内のコミュニティーに関わる例、（3）学業や大学生活における相談内容の3点に分けて要約して示す。

（1）日本語能力に起因する例

- サークルに入りたいが、日本語ができないので迷っている。
- 研究室を選ぶときに、指導教員や秘書の英語能力および留学生が多いか否かを重視する。
- 研究室の教員に敬語を使わなくてもOKだったので、気楽に話すことができた。研究室によっては、敬語を使うように注意されるところもある。
- 研究室のミーティングで使われた日本語が分からなかった。
- 日本語で話しかけても、英語で話してほしいと言われた。私の日本語が下手だからと思い、恥ずかしく思った。それ以降、英語のみで話している。
- 奨学金申請には高度な日本語能力を有することが求められる場合が多い。
- 少し日本語に自信がついた頃、博士後期課程の後半から研究室セミナーを日本語で行ってみると、学生からの質問が増えた。話すのは英語が楽だが、次も日本語

で準備してみようと思う。
- 普段は日本語でコミュニケーションを取っているが、博士論文発表は英語で行った。質疑応答の途中に日本語での質疑応答になってからより活発的な議論ができるようになった。
- 今朝、片言の日本語で挨拶したら、研究室のメンバーが喜んでくれた。それから英語を混ぜながら会話を続けるようになった。

（2）研究室内のコミュニティーに関わる例
- 実習で行われている実験が分からない。自分だけ分からない気がする。
- 研究内容が難しく、実験もうまくいかない。卒業に不安を感じる。
- 自分の周りに同僚がいないので、研究室で何をすればいいのか分からない。
- 母国での大学院生活とギャップが大きい。実験器具の使い方なども異なり戸惑う場合がある。同僚の日本人学生との専門に関する知識量も違うので、専門的知識を学ぶため時間を費やしていて、毎日がとても忙しい。
- 研究室のコアタイム（9時30分〜18時）の間は全く時間が取れないので、日本語授業を受講するのは厳しく、日本語の習得は独学でするしかない。
- 実験で毎日が忙しい。バイトする余裕はないので、奨学金を得たい。

（3）学業や大学生活における相談内容
- 他学部の授業を受講したい。
- 欧米の英語圏への留学を目指していたのが、諸般の事情で断念して日本にやってきた。周りの方が親切で大学院も日本で続けたいと考えている。

・博士後期課程はアメリカに行きたいので、もっと英語力を上達させたい。
・宗教の関係で、お祈りできる場所が欲しい。
・体調不良で不登校日が多くなり、授業についていけなくなった。
・単位を落としていて、次のビザ延長申請に問題になると思う。
・研究室内の人間関係で悩んでいる。研究室を変更するのがいいのか？ アドバイスが欲しい。
・引きこもりになってしまい、家から出られない。

　以上、コミュニケーション上の問題やそれにまつわる対人関係の問題、学業不振に関する問題、および、宗教上の問題など、深刻さの程度もさまざまである。それらは、多くの場合、留学の所期の目的である研究成果の発信と学位取得に対して、直接・間接に関与するものであるといえる。こうした問題とその背景にある留学生の考え方・感じ方は、個人の性格などに起因するだけでなく、それぞれ異文化間の差異に基づくものも少なくない。そのため、それらを記録に残し、今後の種々の対応に活用することが有用であると考えられる。
　以上のような面談で出された留学生の提案・意見の中には、本研究科の施設改善などに反映されたものもある。例えば、キャンパス内でスポーツができる設備は留学生の要望で作られたものである。日本語並びに日本文化体験イベントも充実している。なるべく季節ごとに個人的には体験しにくいもので日本の伝統文化に触れる機会を適宜提供している。具体的には、年の初めにお正月書き初め、かるた、お花見、浴衣で七夕祭り、バスツアーなどを実施している。また、もち作り、インターナショナル・フード・パーティ、バーベキュー等のイベントを開催し、留学生と関

係者が各国の料理をともに作りながら、お互いの文化を理解し合い、交流を深めている。

4.2 大学院理系留学生に必要な日本語能力と支援の再考

理学研究科の留学生の中には、卒業後に日本の会社での就職を希望する者もいるため、日本語学習に取り組むケースは少なくない。先述したように、留学生のJHHの参加動機は「日本語で会話できれば満足する」と「卒業までは N1 に合格したい」とに二分される。前者は学位取得の後、帰国するなどして他国におけるキャリアを選択する場合が多い。後者は、卒業・修了後に日本の会社での就職を目指す。留学生のキャリア形成支援における日本語教育は、就職支援の観点から、一般的に、敬語、面接、ビジネス・マナーの習得が、イメージされることが多い。しかし、研究活動に資する日本語や専門研究分野の技術的なスキルも重視される理系分野では、職場で必要とされる日本語能力はいわゆる一般的なビジネス日本語に限るものではない。

理学研究科では、日本での就職を考えている留学生を対象に、日本企業の職場での種々の文化を知ることを目的とした企業訪問の機会を提供している。2018年1月から2019年12月の間、大阪近郊所在の企業訪問を3回実施した。留学生に、企業研究室の雰囲気を感じ、社員から直接仕事や会社が求める人材の説明を受け、外国人社員と交流することで、留学早期から就職意識の醸成に貢献している。参加した留学生（累計40人）のアンケート結果から、企業の研究室を実際見ることができた、留学生が所属している研究室の研究技術が会社の研究に活用されていた、外国人研究者が会社でどのように働くのか理解できた、会社の研究環境やイノベーティブな雰囲気を体験できたなど、日本での就職を真面目に考える契機になっていると考えられる。訪問先の企業では、会社の概要説明、施設見学、交

流会等の全てが英語での対応であり、参加留学生の中には、一般大学院課程の留学生向けに日本語で行う見学会も開催してほしいとの意見もある。企業訪問の前、大半の留学生は就職するには日本語能力が一番重要という意識を持っているようだが、外国人志願者に必要な日本語レベルは、企業によって異なるようである。2015年から2019年の間の、理学研究科の留学生の就職例を見ていると、日本語能力試験のN1・N2のような一般的な日本語能力の獲得より、専門分野における知識や経験、思考力、コミュニケーション力の他、企業文化に合う人材なのか、適切な受け入れ部署があるのかが重要であると思われる。また、会社側に外国人を受け入れる体制があるという点も重要である。つまり、留学生が日本で自分に合った就職先を見つけるには、大学院を修了する前までに、普段の研究室の生活をどのように過ごしているのかが大きく影響すると考えられる。

5 おわりに

　本章では、英語コースに在籍する留学生を対象とする、理学研究科理学部で実施されている日本語学習支援およびキャンパスライフ支援の内容とその問題点を提示した。大学院レベルの留学生は研究を遂行する上で、特に研究仲間と円滑な人間関係を構築することが重要になる。講義を受ける、論文を書く、指導教員に指導を受ける等の学業・研究活動は、英語のみで可能かもしれない。しかし、大学院で研究活動を行うためには、研究室というコミュニティーに参加しなければならない。コミュニティーに参加するためには、その一員として、円滑に他者とコミュニケーションを行うことによって、研究活動をともに遂行していく必要がある。そのため、研究室コミュニティーへの参加は、

各メンバーの研究のプロセスとその成果に大きく影響する可能性が高いものといえる。そのような解釈から、日本語によるコミュニケーション能力は必須である。

では、英語コースではどのような日本語教育が望ましいのだろうか。英語コースの日本語学習は研究活動と並行して進めていくため、学習した日本語がそのまま研究室でのコミュニケーションを助ける手段となることが最も理想的なあり方である。

そこで、それぞれの大学院での研究活動に関連した各種表現を使い、研究場面に則した会話を例に取るながら、日本語の運用能力を育成することが効果的だと考えられる。また、留学生の悩みの根本的部分にある対人関係の構築を助けるような日本語力が要求されることを考えれば、相手に働きかける話し方や、相互行為を促す日本語を優先的に教える必要がある。さらに、学習開始直後から日本人学生と円滑にコミュニケーションを取る能力が必要となるため、早い段階から留学生と同じ研究室の日本人学生が共同で参加できる環境づくりを進めることが重要である。すなわち、学生たちが日々の研究活動の現場で、日本語あるいは英語を用いながら切磋琢磨することによって、相互の言語能力を補い合い、多様で豊かなコミュニケーションの世界の構築を可能とする環境の整備である。そのような環境の中では、日本語を実践的に学ぶ機会の提供が、真に有用な学習支援となり、学生のQOLに直結する（本書第2章参照）ものといえるであろう。

注

[1] 本章は、2020年5月まで理学研究科に在籍していた間の教育研究支援活動をもとに執筆したものである。

参考文献　村岡貴子（2018）「第3章　ライティング活動とその内省から獲得する論文スキーマ」村岡他（編）『大学と社会をつなぐライティング教育』pp.3–13.　くろしお出版

佐野ひろみ（2009）「目的別日本語教育再考」『専門日本語教育研究』11, pp.9–14.

有田有希・佐藤彰（2016）「第3章　異文化接触場面におけるアイデンティティと関係性の構築」三枚他（編）『インターカルチュラル・コミュニケーションの理論と実践』pp.37–50.　くろしお出版

参考URL　文部科学省「リサーチ・アドミニストレーターを育成・確保するシステムの整備」<https://www.mext.go.jp/a_menu/jinzai/ura/detail/1315871.htm>（2021年4月28日閲覧）

大阪大学国際教育交流センターで実施する留学生対象日本語プログラム <https://ciee.osaka-u.ac.jp/education/japanese_program/>（2021年4月28日閲覧）

大阪大学理学研究科・理学部ホームページ <https://www.sci.osaka-u.ac.jp/ja/international/foreignstudents/>（2021年4月28日閲覧）

「入国から就職まで」工学系留学生600名へのワンストップ教育研究支援

寺井智之

大学院工学研究科・工学部には50カ国から600名を超えるえる多数の留学生が最新の科学技術を学びにやってきている。工学研究科教育学務国際室国際交流推進センターでは、学内組織だけでなく生協、民間企業と共同して入学者の募集から入試手続き、また入学後の宿舎、奨学金の世話、日常生活や授業のサポート、さらには就職活動までセンターによるワンストップ型の支援体制の構築を目指している。

1 はじめに

　大阪大学大学院工学研究科・工学部（阪大工学部）には40カ国以上から400名以上（47カ国456名、2021年10月1日時点）の留学生が在籍している[1]。これは大阪大学全体の留学生の約1/4に相当しており、なおかつ10年前と比較して30％以上増加している。つまり、阪大工学部が大阪大学の中でも特に多くの留学生を抱え、なおかつその数が増え続けていることを意味する。さらに、阪大工学部にはフロンティアラボ[2]や交換留学などの短期プログラムの受け入れ学生から正規課程の在籍生、また英語コース（全ての講義を英語で行うコース）やダブル・ディグリー・プログ

ラムのような教育研究活動をほぼ英語のみで行う学生から日本人学生と同じように日本語のみを使って教育研究活動を行う学生など、滞在期間、必要とされる日本語能力ともバラエティーに富んだ留学生が在籍している。

このため、彼らが阪大工学部に在籍（在留）する期間中の教育研究活動、各種手続き、日常生活を滞りなく行うために必要な日本語教育および支援業務も多岐にわたる。工学研究科教育学務国際室国際交流推進センター（Center for International Affairs, C.I.A.）は留学生の指導教員を始め、阪大工学部、全学の国際交流ならびに留学生（学生）担当部局、学外組織と連携してこれらの業務を行っている。

C.I.A. の特長として専任の教員およびスタッフが多数所属していることが挙げられる。現在教員4名、特任事務職員1名、事務補佐員3名の計8名が在籍（2021年2月1日現在）[3] しており、これは大阪大学の部局に附置された留学生関連部署の中では最大の人員数である。この利点を生かして、留学生の在籍期間内にとどまらず、留学生募集から入学まで、また卒業後の進路（就職など）も含めたワンストップ型支援拠点として留学生および彼らを支援する組織・個人に必要な日本語教育プログラムならびに日本語使用に関する支援を提供している。

筆者はもともと阪大工学部の材料物性工学科（現応用理工学科マテリアル科学コース）を卒業し、その後も大学院工学研究科で博士学位を取得（2001年）した後、そのまま教員となった材料科学の研究者である。2012年に留学生相談部（現C.I.A.）に異動した後も、マテリアル生産科学専攻に籍を置き、工学系の教育研究活動を行っている。このため、筆者が考える留学生に必要な「日本語能力」とは、あくまで理系教員が自分の研究室に配属された留学生に身に付けさせたいと考える「日本語能力」であり、日本語教育プログラムおよび日本語使用に係る支援はそのための手段

84

であると考えている。

　本章では、まず工学研究科・工学部の留学生に要求される日本語能力および彼らに必要な日本語に関する支援の特徴について述べる。次に、実際に国際交流推進センター（以下センター）が他の組織・個人と連携しながら行っている関連業務について説明し、それらの業務を可能するための組織および運用上の工夫について組織運営者および理系研究者としての立場から述べることにする。

2 ｜ 工学研究科・工学部の留学生に必要な日本語能力 および彼らに必要な支援

　2では、工学研究科・工学部の留学生が「大学院・学部の授業を受けるために必要な日本語能力」ならびに「研究室で研究活動を行うために必要な日本語能力」および「日常生活や大学、国・公共機関での手続きなどに必要とされる日本語能力」、さらに「将来日本の企業で働いていくために必要とされる日本語能力」について述べる。

　阪大工学部には上述したように多種多様な留学生が在籍している。そこで阪大工学部に在籍する留学生のうち、もっとも人数が多い2つの類型に当てはまる留学生（仮に典型的な工学系留学生と呼ぶ）について必要とされる日本語能力と、他の類型に当てはまる留学生について述べることにする。

　ここで言う、典型的な工学系留学生とは母国の大学の学部（および修士課程）を卒業（修了）し、大阪大学の大学院工学研究科の博士前期（修士）または博士後期（博士）課程に進学する留学生であり、各専攻の提供する日本語コース（大多数の日本人学生が進学する通常の教育プログラム）と近年入学者の増えている英語コースのいずれかに在籍する学生である。

　前者の日本語コース所属の学生は入学後すぐに日本人教

85

員の講義を受講してその内容を理解することが求められる。工学研究科の専門科目の授業は特定の学問分野でしか使われない用語が頻出するため、学部の専攻と少しでも異なる学問分野を扱う専攻に進学した場合、しばしば講義内容が理解できなくなる。さらに留学生への面談ならびに聞き取り調査では、阪大工学部の教員は大阪という地域性のためか、かなり早口で話し、かつアクセントやイントネーションが留学生の習う日本語と異なっていることが指摘されている。このため、日本語能力試験N1合格者でも、来日してしばらくの間、教員の話が理解できず授業についていけないといった事例が見受けられる。大部分の学生は数カ月で適応するが、学部留学生のように1年次に必修科目が多い場合は必修科目を複数落として留年に繋がる場合もある。また、工学系日本人教員および日本人学生が意識しない「工学系（理系）日本語」としか形容できない用語の使い方、言い回し、暗黙の前提知識が存在する。それらが一体どのようなものか、いくつか具体例を挙げて説明する。

　工学系の研究者にとってmaterialsとは原子、分子が様々な形態で寄り集まった集合体を指す言葉であるが、理学部寄りの物性物理（固体物理）の研究者は通常materialsを「物質」と翻訳する。また、生物系や化学系の研究者にとっては「合成原料（raw materials）」を意味することが多く、筆者の研究分野（材料科学）ではmaterialsのことを「材料」、「マテリアル」、「素形材」と翻訳する。この中でも特に素形材という単語は素材産業のみで使われる日本独特の造語であり、主にH形鋼や水道管のようなある程度の大きさのシンプルな形状を持つものを指す[4]。このような用語（名詞）の用法の違いは多数存在するが、この問題は工学系（理系）の研究に精通していない日本語教育の専門家にも理解しやすく、留学生の入学前に行う予備教育や在

86

籍学生に提供する日本語教育プログラムにおいてもしばし
ば学術用語の学習は取り入れられている。

　このよく知られた名詞の使い方以外にも用語の使い方の
違いは存在する。筆者は研究対象として磁性材料（magnet-
ic materialsいわゆる磁石の原料）を取り扱うが、この磁性材
料の性質を調べるために電磁石で磁場を作り、その中に試
料を入れて測定する。この電磁石が作る磁場（magnetic
field）Hの大きさは「強い（strong）」、「弱い（weak）」とい
う単語を用いて表現される。一方、英語では「high（高
い）」、「low（低い）」という単語を用いて表現される。こ
のため来日したばかりの留学生に発表させるとしばしば用
語を混用する。さらにHの大きさを数値として扱う場合は
「大きい」、「小さい」と表現しなくてはならない。工学系
の研究者は学会発表での留学生の日本語の文法間違いには
寛容であることが多いが、この種の間違いには大変厳し
く、発表した留学生の専門知識や能力、さらに指導教員の
指導能力にも疑義をもたれかねない。似たような例として
は温度や電気抵抗など物理量を示す言葉とセットで用いら
れる形容詞や動詞が挙げられる。もちろん、日本語と英語
にとどまらず言語によって同じ動作や様子を示す単語が異
なることは広く知られているが、工学系の場合はその違い
を知っているのがその専門分野および関連分野の教員、研
究者、技術者など限られた集団である点が異なっている。

　次に、言い回しについてよく知られているのは、「で
す・ます体」と「だ・である体」の使い分けである。通
常、物理法則や実験結果について話す、書く場合は「だ・
である」体であるが、学会発表内で関連研究者やセッショ
ンチェアに謝意を述べる場合は「です・ます体」でかつ尊
敬語・謙譲語を使うのが一般的である。一方で学術論文を
日本語で書く場合は謝辞も「だ・である体」で書くのが普
通である。また、能動態と受動態の使い分けについても日

本語と他言語（英語）では異なる。例えば、実験論文では必ず触れる試料の作製（作成ではない）方法について、日本語では「Aという方法でB試料を作製した」と能動態で書くが、英語では「Sample B was made by A method」と受動態で書く。これは本来学術論文では客観性を保つため、行為の主体を文中に入れることを忌避するからである。日本語で書く場合も本来は「我々の研究グループはAという方法でB試料を作製した」と行為の主体が文中の主語として含まれているが、主語の省略を許容する日本語の特性により能動態で表現することが一般的である。他にも結論を示す場合の「よって〇〇である」といった研究発表の場面でしか使わないような言い回しが存在する。

　最後に、暗黙の前提知識としての典型例として「滑らかな斜面問題」を挙げる。滑らかな斜面問題は日本人学生ならば高校物理で必ず学んでいる力学の基本的な問題の一つであり、図1のような斜面の上に置いた物体がどのような運動をするかを問う問題である。まず物体に働く力は重力であり、左図のように斜面と平行な方向と垂直な方向にそれぞれ $mg \sin \theta$、$mg \cos \theta$ の力が働く。物体は斜面と平行な方向にのみ運動できるため、ニュートンの運動方程式 $ma = mg \sin \theta$ に基づいた運動をする。しかし実際には斜面と物体の間には摩擦力が働くため、右図のように摩擦力を考慮しなくてはならない。摩擦力は抗力Nと摩擦係数 μ

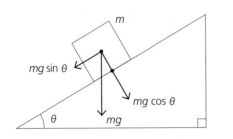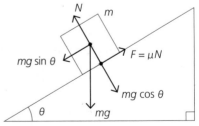

図1　滑らかな斜面問題

（より正確に言うとμの値は物体が静止しているときと運動しているときで異なる）を用いて$F = \mu N$と表すことができる。問題は左右の問題の場合分けを表すときに、日本では通常、問題文で「滑らかな（smooth）斜面の上に質量mの物体が置かれている」と書くが、英語では滑らかな斜面のことを「frictionless plane（slope）」と書く。問題の定義を考えると摩擦のない（frictionless）斜面と書く方が正しいが、どういう訳か慣例としてこのように書かれることが多い。前提となる知識のない留学生はこの問題の題意を読み取ることができない。また、物理量などを表すギリシャ文字の略語なども留学生の学習の妨げになる例の一つである。例えば、σは統計学の教科書では標準偏差を示す文字だが、電磁気の教科書では電気伝導度を示すことが多く、逆に電磁気の教科書のρは電気抵抗率を示すが、物理（力学）の教科書では密度を示すことが多い。これは学部から内部進学をして大学院でも同じ教員の講義を受講する日本人学生には前提知識として持っているため問題にならないが、専攻分野の異なる専攻から移ってくることの多い留学生には教科書を使って独学をする場合に問題となる。

　このように、留学生が日本語で講義を受けたり、日本語で研究発表などを行う場合は、指導教員や日本語教育を専門とする教員が気付きにくい障害が多数存在している。

　一方、もう一つの類型である英語コースの留学生はこの問題の大半を回避することができる。講義においてはもちろんのこと、研究活動においても工学系の研究者はほとんどが程度の差はあるが英語を話すことができるため、指導教員とのディスカッションや学会発表、論文執筆なども英語のみで行えるからである。しかしながら、正規課程の学生として日本で長期間在留する場合は日常生活レベルの日本語はもちろんのこと、各種の申請書類（最近は英語で書かれたものもあるが日本語を直訳したものが多く内容を理解するため

には日本人に尋ねなければならないことが多い）に書かれた日本語が読めることや、英語力が不十分な事務スタッフなどと意思疎通を行えるだけの日本語能力を持つことが望ましい。さらに、留学生が卒業後も日本国内に留まり、国内の企業に就職を希望する場合は、日本語コースの留学生と同じ問題に直面する。

本来、このような問題は十分な時間をかければ解決することも多い（特に中国や韓国などの漢字圏から来た留学生の場合）が、修士課程または博士課程の標準修業年限で修得することは困難であり、特に日本企業に就職を希望する留学生の場合は日本人学生と同レベルの日本語能力を身に付けさせなければならないために解決困難な問題と化している。

他の類型の学生については、学部から日本語コースに入学した学生は前述したように入学当初は戸惑うものの、ほとんどの学生が修士課程まで進学することもあり、修士課程修了時には日本人学生と同様に「工学系日本語」の運用能力を身に付けている。一方、交換留学やダブル・ディグリー・プログラム[5]、さくらサイエンスプラン[6] など1年未満の在籍期間しかない場合は日本語能力を自ら獲得するのではなく、逆に日本語を使わずに済むように周囲がそのような場面でサポートすることで問題を解決しているケースが多い。

次節ではここで述べた工学系留学生の現状を踏まえて、阪大工学部において彼らの抱えている日本語能力が必要とされる諸問題に対してどのように対応しているかについて述べる。

3 留学生に対する日本語教育を含む支援体制

3.1 留学の各ステップにおける支援の現状と望ましい支援体制

2では工学系留学生に「どのような工学系日本語能力」が要求されるかについて述べたが、ここでは「どのような

時」、「どのような場面」で日本語能力が要求されるかについて、留学生のその留学の過程をステップごとに分けて整理してみる。表1は一般的な留学生がその留学の過程で遭遇するイベントや対応を要求される事項を時間軸に沿って並べたものである。その横にはそれぞれの段階で彼らに対応する個人・組織を並べている。そして一番右にはC.I.A.の活動を記載している。

表1 留学生が出願して卒業するまでの手続きおよび活動とそれに対する工学研究科、全学の対応部局、学外組織、国際教育交流センター（C.I.A.）の支援

留学生の留学における一般的なフロー	工学研究科の対応組織・対応者	全学の対応部局、学外の組織など	C.I.A. の活動
出願	入試係・指導予定教員など	JASSO・大阪大学海外拠点・龍門窓口など	①外国人学生のための進学説明会に派遣
入試	入試係・専攻教員など		
ビザ・宿舎・住居	指導予定教員など	サポートオフィス・阪大生協（CUN）・All in One Plan（阪大）・不動産仲介業者など	②住居の紹介、各種手続きの補助
入学			
オリエンテーション	学生支援係など	サポートオフィス[a]・IRIS[b]など	③工学部留学生のためのオリエンテーションを実施
日本語教育		OU日本語ひろば[c]・日本語学校など	④理工系専門日本語クラス、サバイバルジャパニーズ、ビジネス日本語I・IIの開講
講義・研究	専攻教員・指導教員など	全学教育推進機構など	⑤留学生への履修指導、補習（チューター）、国際交流科目の開講
生活ケア・相談・トラブル対処	学生支援係・指導教員など	IRISなど	⑥面談の実施、個別の生活指導
奨学金	学生支援係など	JASSO・各奨学金財団・All in One Plan（阪大）など	⑦候補者選抜、応募書類の添削、採用者の手続き
就職活動・進路指導	専攻長・指導教員など	CIEE・就活支援企業・All in One Plan（阪大）など	⑧セミナー、企業説明会、インターンシップ、就職の斡旋
学位取得	専攻教員・指導教員など		
卒業			

a 大阪大学サポートオフィス（The Support Office for International Students and Scholars, OU）
b IRIS（Information Room for International Students、大阪大学留学生交流情報室）
c 大阪大学マルチリンガル教育センター（CME）と大阪大学国際教育交流センター（CIEE）の留学生や研究員、教職員等のために日本語学習のいろいろなリソースや教室などの情報を提供するサイト

表からは、留学の在籍期間にとどまらず、留学生が大学選びをする段階から卒業後の進路まで留学のステップにおいて非常に多くの個人および組織が関わっていること、また多様な形態の日本語教育プログラムおよび日本語を必要とする場面での支援を行っていることがわかる。しかしながら、多数の教育プログラムおよび支援活動が存在するために、留学生がどのプログラムを受けるべきか、どこに支援を求めるべきかわかりにくくなっている。一例を挙げると、CIEEの授業は全学的に学部から大学院まで全ての在学段階の留学生への日本語の授業を担当しているが、一方で、工学系特有の表現や内容に特化した日本語の学習も必要であることが、学生の状況から判明している。このような問題を解決するためには「工学研究科・工学部の留学生の指導経験が豊富でかつ大学組織の内情に詳しい」教員が常に最初に間に入って交通整理をする（ワンストップ型支援を提供する）ことが必要である。同時に彼らの「工学系日本語能力を向上させる」、「日本語を使用した手続きなどを代行する」もしくは「自分でできるように訓練する技能」を持った、英語に堪能でかつ日本語教育の技能を持つ教員も必要である。このような人材が、留学生やその指導教員からの要望に対して迅速に応えてこそ、どんな時もまずC.I.A.に頼みさえすれば解決してくれるという信頼が得られ、多忙な彼らも限られたリソースを講義と研究に集中させることができる。しかしながら、これらの技能を併せ持つ人材は極めてまれである。ならば、一人ではなく複数の人間でそれぞれを担当すれば良いであろう。また、600名を超す多数の留学生にあった支援を提供するためには複数の担当者にそれぞれ異なった支援業務を担当させるのが適当である。このような考えに基づいて現在のC.I.A.は組織されている。C.I.A.の組織運営体制については3.2に述べる。また、具体的な活動内容については4にて述べる。

3.2 C.I.A. の組織運営体制

　図2にC.I.A.の組織運営体制を示す。図の中心がC.I.A.であり現在の構成員は教員4名、特任事務職員1名、事務補佐員3名の計8名である。教員は入れ替わりがあっても常に理系研究者と教育学研究者（または語学教員）の両者が含まれるように配置されている。また、彼らをサポー

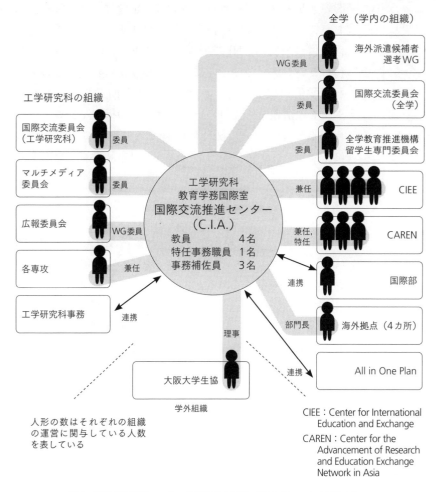

図2　国際交流推進センターと関連する組織の関係（2021年2月時点）

第5章　「入国から就職まで」工学系留学生600名へのワンストップ教育研究支援

トするために国際交流関連の業務経験豊富なスタッフが配置されている。

　もう一つの特長として研究科内の各委員会の委員や他部局との兼任が多いことである。一例としてCIEE（大阪大学国際教育交流センター）を見るとセンターの教員4名全員が兼任教員として在籍していることがわかる。このように委員や多数の部署を兼務してその運営に携わることで有形無形のメリットが得られる。例えば、筆者は工学研究科内においてマテリアル生産科学専攻とマルチメディア委員と広報委員会のSNS・HPワーキンググループのWG委員を兼務しているが、このことによって専攻から教員がどのような留学生を欲しているか常に最新の傾向を知ることができ、その情報を研究科のウェブサイトの構成やプロモーションビデオの構成に随時反映させることができる。さらに、マルチメディア委員会を通じて日本語教育プログラムに利用するCALL・CAD教室の利用調整を円滑かつ柔軟に行うことができる。

　また、特筆すべきこととして大阪大学生協CUN[7]とAll in One Plan[8]との連携が挙げられる。大阪大学生協CUN（Communication Unit in North Osaka）とは留学生のためのシェアハウス事業であるが、通常のシェアハウスとは異なりUR都市機構およびニトリと協業して大学近辺（吹田市青山台、阪大工学部のある吹田キャンパスから徒歩10分）の老朽化した家族向けマンションの3LDKの部屋にリノベーションを行い、3名が住むシェアハウスに作り直した。それらの部屋にはニトリからレンタルした据え置きの家具が設置されており、周辺の単身者向けワンルームマンションより安価な家賃で提供している。室内はWi-Fiによるインターネット環境や電気ガス水道なども完備しており、留学生はバックパック一つで大阪に来れば、その日のうちに下宿生活を始めることができる。研究室に留学生を受け入れたこと

のある教員ならば、これがどれだけ留学生および受け入れ先の研究室の教員・秘書の住居探しおよび手続きの負担を減らすか容易に理解できると思われる。筆者は生協理事を兼業しており、マイルームサービス（賃貸住宅）部門の責任者と常に連絡を取って空室情報や部屋の確保を要請できる状態を維持している。

　All in One Plan プログラムは、この生協CUNの開発に関与した大阪大学グローバルイニシアティブセンター招へい研究員の山本敬二氏の発案による本部事務における留学生に特化した一気通貫システムの総称のことであり、現在開発中でいくつかの関連プログラムが稼働し始めた段階である。これは各部局が抱えている留学生の情報をデータベース化することにより情報管理を一元化して留学生と担当事務の負担を極限まで減らすことが期待できる。具体的には、阪大工学部の受験を希望する私費留学生がCHEGA[9]への申請の際に一度情報を入力すると、入試の申し込みに必要な個人情報が入試係に引き継がれ、合格するとビザ申請に必要な情報がサポートオフィスへ、住居に関する情報がCUNや大阪大学グローバルビレッジ（2020年供用開始の混住型学寮）[10]へ引き継がれ、入学後は学生支援係に引き継がれる。情報が更新されると情報を引き継いだ各部局が相互に参照することができる。さらに、これらの情報をAll in One独自の企業奨学金や就活支援プログラムと連動させることにより留学生の来日前から就職までを一気通貫で支援する野心的なシステムであり、筆者はC.I.A.教員および生協理事という立場からシステムの設計に協力している。

4 留学生に対する日本語教育を含む支援活動

　本節では3.1の表1の右欄に記載した支援活動の内容について具体的に以下の8点に分けて説明する。

①外国人学生のための進学説明会に派遣

　阪大工学部の受験を考えている留学生のためにASEAN
諸国および日本国内で行われる留学フェアの阪大ブースに
教員を派遣している。さらに大阪大学の各海外拠点が独自
に行う勧誘活動にも協力している。

②住居の紹介、各種手続きの補助

　入学予定の留学生に対して入試係を通じて生協CUNの
案内や個別の相談に応じている。また、転入手続きや国民
健康保険、電気・ガス・水道の手続きなどについても個別
に相談に応じている。

③工学部留学生のためのオリエンテーションを実施

　全学で行われるオリエンテーションとは別に工学研究科
教務課学生支援係と共同して工学部の新入留学生を対象に
オリエンテーションを実施している。留学生には在留資
格、就労規定などの情報を中心に周知し、新しい生活を開
始するに当たり参考となるような情報源などを提供してい
る。ここでは、センターが実施している留学生向けイベン
ト情報の周知も行う。さらに留学生と日本人学生の交流サ
ークルであるEnglish Café, Suitaメンバーからも情報提
供を行っている。さらに理工学図書館と連携して日本語お
よび英語による図書館ツアーも実施している。

④理工系専門日本語クラス、サバイバルジャパニーズ、ビジネ
　ス日本語I・IIの開講

　工学部・工学研究科に所属する留学生を対象として理工
系専門日本語クラス「発表」と「作文」の2クラスを開講
している。これらのクラスは理工系を専攻する留学生が必
要とする理工系に特化した日本語能力の向上を目指してお
り、そのために専門的日本語の読解・作文、プレゼンテー

ション能力の育成に重点を置き、受講生が自身の研究内容を基に論文の執筆やプレゼンテーションのスライド作成等の作業が効率よくできるようCALL・CAD教室で授業を行っている。

　サバイバルジャパニーズコースは、来日してすぐの留学生や研究員を対象として、日常生活や研究室において会話ができるような初歩の日本語習得を目標としている。受講生は講義各回で日本語の初歩的な文法や基本的な言葉を理解し会話練習を行う。

　ビジネス日本語Ⅰ・Ⅱは将来日本で就職することを目指す留学生を対象に、メールをはじめビジネスシーンで使う日本語の「読み」「書き」や、様々な場面を想定したロールプレイによる「聞く」「話す」のトレーニングにより日本企業のビジネスマンとして必要な日本語力を身に付ける。この科目は工学研究科の正式な履修科目として認められており（各2単位）、他研究科の学生も受講可能である。

⑤留学生への履修指導、補習（チューター）、国際交流科目の開講
　全学教育推進機構留学生専門委員会と連携して新入学部留学生に履修指導を行っている。さらに、2年以上の学部留学生は⑥の面談結果をもとに履修指導を行っている。また、C.I.A.が必要と認めた学生についてはチューターを付けて週1回の補習を行っている。また、「短期留学支援制度（受け入れ）」の特別枠に準拠する国際教養・専門複合型プログラム（OUSSEP、Osaka University Short-term Student Exchange Program）の国際交流科目に国際理解入門」（Introduction to international understanding）を提供している。

⑥面談の実施、個別の生活指導
　研究室配属前の学部1年生から3年生の留学生を対象に個別面談を行っている。主な目的は留学生活で困ったこと

や悩みはないかを聞き取り、トラブルや学業面での問題を早期発見することである。特に学部1年生は来日して間もないため、日常会話や授業の理解度・友人関係・体調管理等の項目に関して重点的に聞き取りを行う。大学生活での過ごし方や友人関係に戸惑いを抱えている留学生には、当センターで開催しているイベント（English Café, Suitaや忘年会など）や国際交流サークルを案内している。2、3年生については履修状況について重点的に聞き取りを行い、学習の補助が必要だと思われる学生に対しては⑤のチューターによる補習を行っている。

⑦候補者選抜、応募書類の添削、採用者の手続き

C.I.A.では、大学内で選考を行い各奨学金財団への推薦者を決定し応募する学内応募の工学研究科の選考を行っている。応募者の中から成績・研究業績・経済状況などいくつかの項目をもとに複数の教員が採点して公平に選考している。また、財団によって求められる条件や人物像が異なるため、それぞれの要望と合致した学生を選考するように心がけている。全学の選考ののち推薦が決まった者は、申請書や応募理由書など各財団から求められる書類を提出する。ここでは奨学金志望理由や研究内容を専門外の人にもわかりやすく、簡潔に記入することが重要となる。書類選考に合格し、面接まで進めるよう、当センターで応募書類の添削を行っている。例年120名前後の応募があり、そのうち約30名を推薦しており、最終的に20名前後が奨学生として採用されている。

⑧セミナー、企業説明会、インターンシップ、就職の斡旋

阪大工学部においても日本国内での就職もしくは日系企業への就職を希望する留学生が増加しているが、日本人学生と異なり、言語や文化、OBとのコネクションの面でハ

ンディキャップを背負っている。このギャップを解消し、学生の能力および希望とマッチした就職をサポートするためにC.I.A.単独もしくはCIEE、All in One Planならびに留学生専門の就職斡旋業者と協力して企業交流会、就職対策講座を行っている。さらに、IAESTE[11]およびヴルカヌス・イン・ヨーロッパ[12]、海外企業などの海外インターンシップも行っている。また、留学生個人や指導教員、就職斡旋業者の要望に応じて個別にマッチングも行っている。

5 | まとめ

　以上より、工学系研究者の視点から、工学研究科・工学部の留学生に要求される日本語能力および彼らに必要な日本語に関する支援の特長とそれらを育成するためまたは支援するためにC.I.A.が他の組織・個人と連携しながら行っている関連業務について説明した。今後はこの組織間の協力をより進化させるとともに新型コロナウイルスをはじめとする社会の変化にいち早く対応していくことが目標である。

注

[1] 大阪大学大学院工学研究科 教育学務国際室 国際交流推進センター（2021）『国際交流たより No.46』
[2] フロンティアラボ（FrontierLab@OsakaU）とは、理学部、基礎工学部、工学部、情報科学研究科および関連部局に所属する特定分野の「研究室」に外国人学生を一定期間（最長1年間）受け入れ、主として当該研究室で提示する研究テーマを学ぶものである。希望に応じて、国際交流科目、日本語、その他関連科目の受講もできる。
[3] 大阪大学大学院工学研究科 教育学務国際室 国際交流推進センター（2021）『国際交流たより No.46』
[4] 一般財団法人 素形材センター（https://sokeizai.or.jp/japanese/what/index.html）
[5] ダブル・ディグリー・プログラム（Double Degree Program, DDP）

とは協定等に基づき、同時期に大阪大学と外国の協定校に在籍し、両大学で実施する連携した教育プログラムを学修したうえで、それぞれの大学から学位が授与される制度のことである。

[6] さくらサイエンスプランとはJST（科学技術振興機構）の主催するアジアを中心とする国・地域の優秀な青少年に日本の先端的な科学技術に触れる機会を与えるプロジェクトである。

[7] Osaka University CO-OP "MY ROOM" CUN-Project（https://www.handai-myroom.com/0/0/0/coopur）

[8] 山本敬二（2021）『All in One Plan プログラム ―企画から活動実施報告―』大阪大学グローバルイニシアティブセンター

[9] CHEGAは高大接続、国内・国際入試改革および教育改革を一体的に行う全学組織で、海外および国内在住外国人留学生が入学する際の窓口となる。

[10] 大阪大学グローバルビレッジとは大阪大学の新しい学寮、教職員官舎であり、日本人学生・教職員と留学生との混住を通じて共創イノベーションを生み出す場所とすることを目指している。

[11] IAESTE（イアエステ、The International Association for the Exchange of Students for Technical Experience）は、理工農薬学系学生の海外インターンシップを仲介する国際NGOである。

[12] ヴルカヌス・イン・ヨーロッパは日欧産業協力センターが主催する日本の理工系学生をEU加盟国にて企業研修させるプログラムである。

話すから話せるのか、
話せるから話すのか？

寺井智之

　まるで「卵が先か、ニワトリが先か」という昔からある
たとえ話のようだが、業務として留学生の受け入れを行っ
ている間、筆者がずっと抱いてきた疑問である。卵とニワ
トリについては進化論の立場では卵が先と考える説が優勢
のようだが、語学についてはどうなのだろうか。もちろ
ん、話した量と語学力の間に正の相関があることは明白で
あるし、日本語学習者が教育として日本語を学ぶ場合は
「話す（学ぶ）から話せるようになる」のは事実だが、理系
の研究室にやって来た留学生の場合はどうなのだろうか。
筆者の個人的経験を元に書いてみる。

　筆者が教員になった2001年に研究室に韓国の大学から
二人の韓国人留学生が来た。この時は専攻にも留学生がほ
とんどおらず、彼らは英語もほとんど話せなかったため、
必然的に周囲とは日本語でコミュニケーションを取ること
になった。初めはあいさつくらいしかできなかったが、研
究室の学生たちが代わる代わる声をかけ、研究もプライベ
ートもずっと一緒に過ごすことによってみるみる日本語が
上達し、3年後には関西弁と標準語の両者を使いこなす立
派な（？）日本語話者となって韓国に帰って行った。その
後も、同じ研究室から毎年のように韓国人留学生が来た
が、数年たって少し様子が変わってきたことに気づいた。
もちろん、すぐに日本語がペラペラになる学生もいるのだ

が、多くの学生が3年たっても日本語が以前ほどうまくならないのである。話せない学生たちは皆いわゆる内気な性格の学生ばかりで、こちらから話しかけない限り本人から話そうとしない学生たちであった。ちょうどこの頃から文科省のプロジェクトの関係で専攻に留学生が急激に増えて来ており、留学生が同国人同士で固まっているのをよく見かけるようになった。さらに、博士後期課程の講義は英語で行うようになっており、研究室でも英語を使ってディスカッションをすることも増えてきていた。つまり、日本語を話さなくても授業と研究、さらに日常生活も英語と母語で用が足りるのである。こうなると内気な理系留学生は、母語だと「話せるから話す」が、日本語は「話せないから話さない」ようになる。しかし、このことを責めることはできない。日本人の理系研究者・学生も非英語圏に研究留学する際にどれだけの人が現地語を真剣に学ぼうとするだろうか。きっと日本に来る理系留学生も同じように思っているだろう。一方で日本語の上達が早い学生は、どこでも友達を作るいわゆるコミュ力の高い留学生と、日本や日本文化（特にマンガ、アニメ）が好きで日本語をかなり勉強して（しかも独学で学んだ学生が多い！）から来日する留学生の2つのタイプがあるように思われる。前者は「話すから話せるようになる」し、後者は内気な留学生も多いが「話せるから話す」ので研究室の日本人学生の輪にうまく溶け込めるようである。

　筆者は日本語を「話せないから話さない」留学生にも、せっかく日本に来たのだから現地の言葉である日本語で積極的にコミュニケーションを取って欲しいと心から願っている。その願いをかなえるヒントは、2001年に研究室に初めて来た二人の韓国人留学生と研究室の日本人学生との交流にあるように思う。彼らが来た時は初めて来た留学生ということもあり、マンツーマンで日本人学生がついて毎

日一緒に昼食と夕食を取り、休日はみんなで遊びに行った。留学生たちも下宿に日本人学生たちを招待し、実家のお手製キムチをふるまった。やはり人間はお互いに深く付き合えば、相手をもっと知りたい、相手の言葉で話したいと思うのだろう。

コラム②　話すから話せるのか、話せるから話すのか？

第2部
大学院教育における
研究指導の事例

第2部では、社会言語学系、経済史学系、法学系、保健学系といった種々の専門分野における具体的な事例をもとに、大学院留学生が受ける授業や論文指導、およびそれをめぐる研究指導の種々の局面での実践について紹介し、批判的に関連の議論を行います。

　第6章では、在籍留学生の割合が比較的多い、社会言語学系の授業実践を取り上げ、受講者の多様な背景から、相互作用による議論の活性化が見られる状況を分析し、かつ、対面とオンラインによる授業の比較も行いつつ、指導と研究支援のあり方を考察します。

　第7章では、学際的な分野である経済史を専攻する修士段階の留学生に対する修士論文指導を取り上げます。テーマ選択から引用の方法まで、当該学生の研究の経験の背景などに鑑み、「比較」をキーワードとして、指導のあり方について批判的に議論します。

　第8章では、高度な日本語能力が求められる法学分野の背景を示し、現状における留学生への教育とその指導について、専門知識、日本語能力、および各種支援の取り組みの事例から、批判的に議論し、課題を提示します。

　第9章では、医学系の保健学分野について解説し、母国では同じディシプリンで学んでいない大学院留学生のケースを中心に、大学院受験から修了後のキャリアにつながる研究指導の事例と今後の支援体制関連の議論を批判的に行います。

　さらに、関連するコラムを1件配置しています。

社会言語学における質的研究の指導と研究支援
対面授業とオンライン授業の比較対照分析

秦かおり

近年、大学院博士前期課程（修士課程）に留学してくる留学生数は専攻によっては日本人学生数よりも多くなっている。留学生が多いということは、言語的ケアや授業中のさまざまな配慮が必要ではあるものの、多様な文化・社会的背景を持つ学生が共に議論する相互作用が期待できる。本章ではそのようなクラス編成下における、社会言語学を中心とした専門分野に特化した形での実践的授業の実態を報告し、その指導方法と研究支援の1つのあり方を示す。さらに新型コロナウイルス感染症拡大によるオンライン授業の導入が、授業運営にどのような影響を与えているかを参与枠組みの観点から解明する。

1 | はじめに

近年、日本の大学院では留学生が増加している。筆者の所属する大阪大学大学院には、大学院博士前期課程（修士課程）に800名（国費115名、私費685名）、博士後期課程に892名（国費243名、私費649名）、その他研究生529名（国費171名、私費358名）、合計2,611名の留学生が在籍しており（2020年5月1日現在、大阪大学公式ウェブサイトによる）、コロナ禍においてもまだ数多くの留学生が専門分野の研究・

研究指導を求めていることがわかる。こうした大学院留学は、特に人文社会系を中心に、語学留学などでの日本語運用能力の向上が目的ではなく、高度な日本語運用能力を持っていることを前提として、学部留学よりも高度な専門知識の獲得と応用を目的としての留学であり、母国では得られない経験と知識を求めている。一方で、出身学部を調査すると、日本語を専攻する学部に所属していた留学生が多く、それはすなわち「第一外国語としての日本語」の運用能力には問題がなくとも、「第二外国語」であった英語の文献を読解するだけの英語力が不足していたり、語学科目としての日本語以外の専門知識の蓄積が不足している学生が一定数存在することを意味する。

　以上のような状況を鑑み、本章の目的として、留学生が多いクラス編成下で行われる大学院博士前期課程の専門科目授業で行われた質的研究に関する演習を題材に、留学生にとってどのような専門科目の授業が効果的かを実践に基づいて考察するものである。また、2020年度に開始したオンライン（リアルタイム）授業と、従来の対面授業を比較することで、それぞれの参与者の参与の仕方を明確にし、そこで望ましい参与の方法とは何かを探る。

　ここでは、「社会言語学研究」という名の演習授業を取り上げる。本演習では、社会言語学の中でも特に談話分析、マルチモーダル分析[1]に特化した基礎知識を学んだ上で、それを応用して1人ひとり自分の関心に従って修士論文執筆へ向けてのパイロット的学習を行っている。具体的には、テーマを設定し、先行研究をリサーチし、調査対象のターゲットを決め、同意書、誓約書を作成、調査協力者への依頼、調査の実施、データの書き起こし、分析・考察、実際の論文作成まで、一通りを全15回の授業で共に実践する。これを日本人学生と多様な文化的背景を持つ留学生が入り混じった状況で行うことがどのような効果を持

つのか、また留学生に対してどのような配慮や学習への促しが必要かを実践に基づいて考察する。

2 | 先行研究と本研究の位置づけ

　社会言語学は比較的新しい学問領域だが、現在は多様な研究視点を包摂し、大学や大学院のカリキュラムとして標榜されるまでになっている。社会言語学とは「データを拠り所として、それまでの狭義の言語学とは異なる分析的パラダイムを用いて人間集団と言語の使用（language use）を探る学問分野」（岩田・重光・村田 2013: 1）と定義付けられている。言語学の一分野でありながら、文法や語用のみならず、その言語使用や変異が表す（あるいは相互作用をもたらす）背景としての文化・社会との関連や、それが文化や社会にもたらす影響（規範意識の再／生産や再／構築など）を探究する学問でもある。また、「データを拠り所」とすることが多いため、さまざまなデータをどのように収集するのか、それをどのように分析することが効果的で論理的なのかといった部分に注意を払う必要がある。

　例えば、談話（会話）を分析すると一口に言っても、会話分析（conversation analysis: CA）、談話分析（discourse analysis）、批判的談話研究（critical discourse studies: CDS）、ナラティブ分析（narrative analysis）などに細分化され、それぞれが異なるデータの書き起こしの仕方、分析方法を有し、研究が目指す目的も異なる。媒体も、メディアの分析（マス・メディアの分析からソーシャルメディアの分析まで）や、大量の言語資源を活用した多様なコーパス研究（共時的には書きことばから話しことばまで、通時的には歴史的文献から現代まで、また文字資料から映像資料まで）、さらにインタビュー資料やあらゆる対話場面、日常会話、人類学的手法を用いた調査資料に至るまで、実に多様なデータが談話を分析する資料と

なる。

　したがって、専門教育としての授業では、それらの基礎全てを掘り下げて教えることは時間的に難しく、一通りの知識を習得するようある程度の時間を割いた後は、個別の院生の興味関心に従って指導していく方向となる。ただし、単に個別に指導していくのではなく、談話分析においては「データ・セッション」や「発表」の手段を用いて受講者全体で資料を共有し、その分析ポイントを探りながら全員で分析を進め、多様な観点から意見を交換することで分析を深めていくことが、重要な相互学習となる。さらに、そこに留学生に限らず多様な属性や文化的背景を持つ学生が所属していた場合、個々の文化的社会的経験値が議論の土台の１つとなる場合も多い。日本語を母語としない留学生が多い授業では、ある言語使用についての議論が、たちまち比較言語学的分析となり、実り多い議論となる。本章では、このように留学生が存在することで生じる特別な配慮のみではなく、留学生がいることによるクラス全体への好影響と相互行為に焦点を当て、それを引き出す場の仕組みを考えていきたい。

3 ｜ 実践例の基礎情報

　当該授業は、博士前期課程の１年次、２年次が履修可能な選択科目である。当該授業が開講される専攻では、履修が決められ割り振られている必修科目は２科目であり、あとは全て選択科目となる。一応入学時から所属分野が３つに分かれているが、授業の自由な選択を妨げるものではない。履修科目選択に際しては、大抵の場合博士前期課程１年次は指導教員の指示を受けながら決定していくが、前期、後期で通年履修科目はなく、全て１期完結の授業となっている。また、「社会言語学」と名のつく授業も複数開

講されていることから、学生はそれらのシラバスを参照
し、それぞれが最も関心を持つ内容の授業を履修する（複
数同じ名前の科目を履修することも年度を跨いで重複履修すること
も可能）。本章で対象としている授業では、談話分析、マル
チモーダル分析を行う授業であると明記されており、幅広
い選択の中から、基本的に談話を分析することに興味を持
っている学生が集まっている。

　本章で扱う授業は後期15回の演習授業である。前述の通
り、前期からの通年で履修をする必要はないが、半数以上
の学生が前期から継続して履修しており、前期は社会言語
学、談話分析などを中心とした基礎的な概念を学習するた
めに国内外の文献を講読する授業となっている。したがっ
て、後期の授業は前期からの知識の積み重ねがある学生と
そうではない学生が入り混じった状態で始まることとなる。

　分析対象となる授業は、2016年度から2020年までの4
年間分である（2019年度はサバティカルのため不開講）。いず
れも、留学生の比率が日本人学生数を超えており、国籍は
中国が圧倒的に多いものの、韓国、ロシア、モンゴルなど
多岐にわたる。また、履修登録をしている学生以外にも聴
講にきている学生もおり、授業は常時15名程度で運営さ
れた。以下の表1は、履修登録をした学生数の一覧である。

表1　日本人学生と留学生の比率

開講年度	日本人学生	留学生	留学生の比率
2016年度	5名	10名	66.6%
2017年度	2名	7名	77.7%
2018年度	5名	7名	58.3%
2019年度	サバティカルのため不開講		
2020年度	2名	7名	77.7%

　上記の一覧を見ると、例えば2017年度や2020年度に
関しては日本人の学生が2名と極端に少ない。留学生数は

新型コロナウイルス感染症が原因となり減少してはいるものの、履修者数としてはさほど減少しておらず、比較的高水準にとどまっている。

　具体的な授業の流れは以下の表2の通りである。クラス履修人数によって多少の調整はあるが、基本的な構成は変えずに行っている。

　2018年度までは対面で行い、2020年度はオンライン（リアルタイム）授業となった。対面でもオンラインでもシラバスの基本は変わらない。対面であった時には大きなスクリーンがあるシアタールームを教室とし、できる限りデータを細かく見ることができるように配慮していた。オン

表2　授業の流れ

回	授業内容
1	・オリエンテーション
2	・質的研究の基礎的概念学習（テキスト輪読） ・日本語論文作成法（講義）
3	・談話分析の基礎的概念学習（テキスト輪読）
4	・インタビュー調査の具体的実践方法（講義） ・インタビュー調査トピック・質問項目を発表、議論 ・データ収集開始（授業時間外活動）
5	・質的研究の具体的分析方法（講義、輪読） ・目的に応じた書き起こし方法（講義）
6	・データセッション：粗く書き起こされたデータを使った分析・議論（発表者は書き起こしデータ、映像資料、分析のポイントとなり得ると考える場所を提示）
7	
8	
9	
10	・テキスト輪読（データ・セッションで実際に得た分析ポイントをより深く分析するための先行研究輪読） ・データ・セッションの議論をもとに分析・考察を行う（授業時間外活動）
11	
12	・最終発表会（最終レポートの粗書きを発表し議論を行う）
13	
14	
15	・フィードバック：最終発表会の結果への個別論文指導。履修者からの質問に対する指導。

ライン授業では、画面共有機能を使って各自のパソコンの
モニターに大画面でデータを見ることができるようになっ
たため、さらに詳細な文字で見ることが可能となった。
　本章では、全15回のそれぞれの授業で必ず必要とな
る、発表者からの報告とその後の質疑応答という参与の場
面における相互行為を解明し、さらに対面場面、オンライ
ン場面を比較しながら、留学生教育に対する示唆を行って
いきたい。

4 ｜ 実践例

4.1　授業の運営方法とその効果

　授業は基本的に、オンライン支援システム、Dropbox、
メーリングリストによる情報伝達とファイル共有を使用し
た授業内外での活動支援を通して行った。対面授業時も、
紙媒体のハンドアウトを配布するが、電子媒体を
Dropbox を通して事前に共有することで、特に留学生が
授業前に予習する時間を確保し、授業時の意見表明を可能
にする仕組みを構成した。以下に、授業の進行に従って実
践例を報告する。

4.1.1　基礎概念学習の実践例

　実践例において、基礎概念学習であるテキストの輪読の
時間には、指定されたテキスト（主として Handbook 類）の
他に、それに関連する別の論文を副教材として自分で探し
出し、1週間前までに Dropbox で共有することを義務付
けた。主教材が英語の論文であったため、副教材は日本語
を中心とし、留学生への英語負担を最小限にとどめた。
Handbook のほうでは基本理論を、副教材のほうではそ
の理論を応用あるいは援用した日本語論文を採用し、理論
が実際にどのように使用されることがあるか、その実践例

を示すことで、理論への理解の深化と、各自の研究の参考材料にすることが目的である。また、授業の前までにハンドアウトを共有することも必須とすることで、授業時に日本語の誤字脱字の指摘から内容的な議論まで時間を無駄なく使用することを可能とした。これらは、留学生にとっては予習時間の確保とともに、多少不完全な日本語でも指摘されて修正すれば良いという一種の安心感につながる。

4.1.2　データ・セッションの実践例

　データ・セッションは、調査者自身が見逃している可能性がある分析ポイントや多方面、多角度からの視点を発見し合うピア学習である。データ提供者は授業時に該当箇所の映像を投影し、調査者が気になっている分析ポイントを提示、その部分を中心に書き起こしをみながら議論を行う。これも、テキスト輪読活動と同様に、Dropboxに前もって保存、共有しておき、授業前の予習活動と留学生への日本語解読活動の時間を確保している。このことにより、少なくとも授業開始時におけるスタート地点の内容理解の不均衡性は解消される。

　データ・セッションでは、1人ひとり意見を述べる時間を設け、それぞれが自分の視点からデータと向き合い、発言する機会を確保する。また、データが日本語・英語以外の言語であった場合、その言語と日本語の文化的社会的背景を掘り下げることで、データを持参した学生のみではなく、クラス全体への還元を促す。

4.1.3　最終発表の実践例

　最終発表では、データ・セッションにより得た知見を反映させた最終レポートの枠組みを発表することを課している。そこでは、「1. はじめに、2. 目的、リサーチ・クエスチョン、3. 先行研究、4. 分析方法、5. データについ

て、6. 分析、7. 考察、8. まとめ、9. 参考文献」を示すことを必須としている。これを発表することにより、留学生に対しては日本語の確認・修正作業も一通り行う機会が与えられる。全員が一度データ・セッションでデータを見て把握しているため、内容を理解した上でのコメント交換と議論が可能となる。

　日本語の論文作成法については、第2回の授業時に教授しているが、論文のフォーマットや参考文献の方式については、社会言語学の論文を多く掲載する学会誌のフォーマットを使用し、後日に論文を投稿する時の予行演習としている。

4.2　授業時における参与・関与のフレーム

　4.2では、授業時におけるデバイスも含めた参与・関与のフレームを検討する。このことは、立場や背景の異なる多人数が同じ場にいるということは、そもそもどういう場であると考えられるのか、社会言語学的に解明することにつながる。その上で、その参与の枠組みを知り、念頭に置いて授業を運営することの重要さと意味を示すものである。

　また、従来行われていた対面授業と2020年度から始まったオンライン授業の双方を視野に入れ、そのフレームの違いに起因する参与・関与のあり方に着目する。

4.2.1　対面授業時における参与・関与のフレーム

　対面授業時においては、シアタールームという場所、可動式の机一体型椅子や機材の配置の「関与」が履修者の授業参与に大きな影響を及ぼしていたと言える。図1は、対面授業時における基本的な配置図である。

　図1が示す通り、正面にシアター型スクリーンがあり、参与者はそのスクリーンが見える位置に半円形に椅子を移動させて座っている。可動式机一体型椅子の配置は教員が

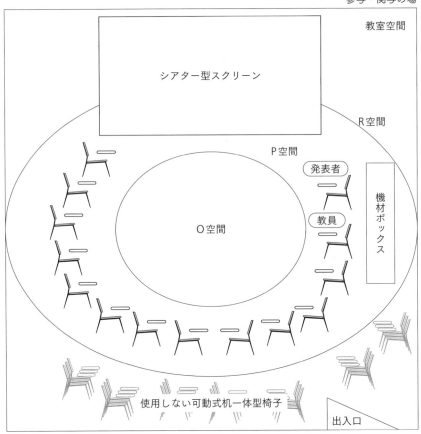

図1　対面教室での基本的配置図

指示したものではなく、本来全て劇場のようにスクリーンに向かって整然と配置されているところ、学生が自発的に授業の前に移動させて形成したものである。発表者はプロジェクタやスピーカーを接続するため、機材ボックスの前に着席し、ケーブルで自分のノートPCに接続している。教員は機材トラブルに備えて機材ボックスの前に着席しているが、発表者が最もスクリーンに近く教員はその次に位置している。これらの配置は、機材ボックスに有線でPC

をつながなければいけないという物理的制約によるものであり、この機材ボックスは場の形成に関与している。

　これらの身体配置は、参与・関与のF陣形[2] (F-formation: Kendon 1990) を表象している。Kendon (1990) によれば、個人の身体の前には操作領域（transactional segment）と呼ばれる空間が広がっており、人や物が参与・関与し合おうとする対象同士の間には、この操作領域の重なりが発生する。その重なりをO空間（参与者が相互行為を行おうとする時に重なり合うO型の円陣の空間）と呼ぶ。例えば人がテレビを見ている空間では、人の前に操作領域が広がり、その対称に位置する関与対象であるテレビと人との間にはO空間が形成される。これは空間であるから目には見えないが、例えばその人とテレビ（関与物）が形成するO空間を横切るものは、そのO空間を侵害していると言え、何らかの有標な意味が生じることとなる。O空間の外縁にはP空間（参与者同士が身体を配置することによって形成されるO空間の外縁的な狭い輪の領域）、さらにその外側にはR空間（P空間の外側に広がる、参与者が形作る参与・関与空間の外周領域）が広がる（図2）。

　これを図1に遡って当てはめると、学生がそれぞれ座っている可動式机一体型椅子の向きと配置、またその場に関

図2　F陣形におけるO空間、P空間、R空間（坊農 2008: 546 より抜粋）

第6章　社会言語学における質的研究の指導と研究支援

与するシアター型スクリーンと機材ボックスに囲まれて形成されている中央の円形の空間は、典型的なO空間である。さらに、座っている椅子同士と、プロジェクタや機材ボックスという人的配置に関与する物体を結んで形成される、O空間の外縁の輪がP空間、その外周に広がり四角い教室（シアタールーム）という空間を形作っているのはR空間ということになる。

　このF陣形においては、それを形成している参与者間には参与の発話権に明らかな不均衡性がある。教室での発表場面においては、発表中は原則的に発表者に発話権がある（質疑応答場面ではそれが揺れ動く）。F陣形の中でそのような強い発話権がある立ち位置についてKendon（1990）ではhead-positionと呼んでいる[3]。このような参与・関与の不均衡が生まれる元となる参与の違いについて、Goffman（1974, 1981）はフッティング（footing）と述べ、その定義を「相互行為における参与者間のスタンス、姿勢、自己像などの整合（alignment）の様式」であると述べた（Goffman 1981: 128、片岡・池田・秦 2017: 4）。このフッティングを参与者の役割との関連について図式化したものが、「産出フォーマット」（production format: Goffman 1981）と「参与枠組み」（participation framework）を掛け合わせたKádár & Haugh（2013: 128）のモデル化である。

　Kádár & Haugh（2013）の参与のフッティングモデルでは、話し手と聞き手はそれぞれが1つの役割を担うわけではなく、複数の役割を担うことを想定しており、また、その役割は固定されたものではない。例えば、教室場面で考えてみると、発表者が発表するものは、原則的にその産出の責任者であり発声者であると言えるだろう。聞き手の方は、その発話の宛て手となった「標的」に加え、その発話の意図を説明する「説明者」や「解釈者」は学生でもあり得るし、教員でもあるかもしれない。さらにそれらの受容のフッティングに

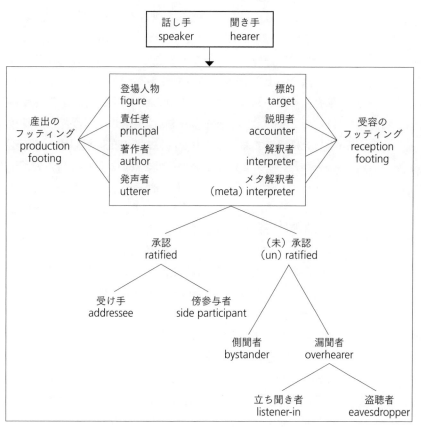

図3　参与のフッティングモデル（Kádár & Haugh 2013: 128）[4]

　　あてられた参与者は、参与枠組みの角度からさらに細かい立
ち位置に分けられる。まずは、その場にいることを承認され
た者と未承認である者に分けられ、さらに、承認された者
は、発話の受け手と、受け手ではないが受け手になり得る傍
参与者に分けられる。一方、未承認参与者は、承認はされて
いないが側で聞いている側聞者と漏れ聞いている漏聞者に分
けられる。教室場面の場合、廊下で聞いている者などがいな
い限り、先ほどのR空間より内側に入っている者はその場に
いることを「承認」された者である。また、基本的に発表場

面においては、話し手は教員を含むクラス全員に「宛てて」話しており、その意味では、全員が「受け手」である。問題は、質疑応答の時間であり、そこでは、まず「話し手」が固定されない上、「承認」された参与者も、「受け手」と「傍参与者」に分かれてしまう。この立場の不均衡は、質問を受け付けるというような発話の際には、話し手が漠然と「受け手」を指定しており、それを受けた潜在的「受け手」は、返答をしたいか、したくないか、できないかという自らの意思に従って、「受け手」あるいは「傍参与者」であることを選択して、その信号を出すことができる。発話のターンを取るという意味では、これまでの先行研究では、どちらかといえば、いかに次の発話の権利を得るかという点に焦点化されたものが多かったが、逆に言えば、いかに次の発話の権利から逃れるかという観点での分析も必要なのではないかと考える。

　留学生の場合、こうした場面で「発話の権利」（定延2020）を得られない（あるいは得たくない）場合がしばしばある。F陣形における相互行為を行う者としての目線の宛て先は、O空間を通り越したその先にあるP空間上の人である。例えば、話し手や司会者に向かって目線を当てている時は、次にターンを取りたい合図となる。そこには手を挙げるといった身体動作も含まれる可能性があるが、視線を外したまま手を挙げても、ターンを取りたいという意思表示であると確信させるのは難しい。一方で、その空間内に関与物があることによって、発話の権利を得たくない者はその意思表示が可能となる。例えばスクリーンに目線をやったり、手元のハンドアウトに目線を落としたりする。そうなった場合、発話者がいかに暗黙裡に次の発話者として発話を宛てていても、その受け手は自ら受け手の立場を降り、傍参与者に回るのである。

　ここまで、教室場面での暗黙のうちのやりとりを、参与の陣形と枠組み、フッティングモデルで解明してきた。こ

れらの対面授業場面と、2020年度に始まったオンライン授業場面での違いを念頭に置きながら、オンライン（リアルタイム）授業場面における参与の陣形、枠組み、フッティングを検討していく。

4.2.2　オンライン（リアルタイム）授業時における　　　　参与・関与のフレーム

　本章の実践例となっている授業が行われている当該地域では、新型コロナウイルス感染症感染拡大が深刻化し、2021年5月現在、3度目の緊急事態宣言が発令中である。当該授業を開講している本学でも、2020年度前期から基本的にオンライン授業が推奨され、多くの授業が原則オンラインに切り替えられた。学部の授業はオンデマンド授業や課題型授業もあるが、大学院科目については、少人数ならば対面も可能だが、基本的にはオンライン（リアルタイム）授業が選択されている。今回紹介している実践例となっている授業でも、2020年度4月から現在（2021年5月）にかけて、一貫してオンライン（リアルタイム）授業を行っている。

　オンライン（リアルタイム）授業は、web会議ツールZoomを使用して行われている。オンラインで授業を行う時は、発表者が画面共有機能を使用してハンドアウトを画面共有し、質疑応答の時間には画面共有を解除、それぞれがチャット機能やDropboxであらかじめ共有された資料を手元で見ながら質疑応答を行うという仕組みである。対面授業と異なるのは、全員が自分のPCの前にいること、これまでの紙媒体の資料がないこと、画像や音声のオン／オフ機能があることだろう。

　このようなオンライン授業を参与・関与の場として捉えると、図4のようになる。

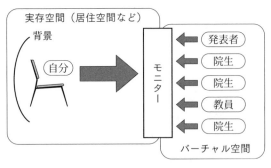

図4　オンライン（リアルタイム）授業での参与・関与の場[5]

　図4で示されるように、オンライン（リアルタイム）授業においては、リアル空間とバーチャル空間が交錯する場で、それがモニターという装置によって結びつけられている。これまでの対面授業において円形に陣形を組んでいた空間は、モニターを通して一直線につながる形になるが、この空間は、Kendon（1990）による陣形ではそのまま説明できない。Kendon は、対面で向かい合う陣形を「対面（facing）F陣形」（図5）と述べた。それは、基本的に1対1を想定した直線型の陣形を形成する。それに対し、重層的、階層的であり得るが相手が正面におらず一方向を向いている陣形を「横並び（aligned）F陣形」（図6）と定義した。

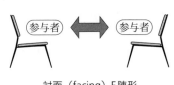

対面（facing）F陳形

図5　横並びF陳形（Kendon 1990, 筆者作成）

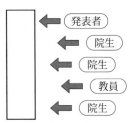

横並び（aligned）F陳形

図6　横並びF陳形（Kendon 1990, 筆者作成）

オンライン（リアルタイム）授業においては、この２つのF陣形がバーチャルを通して混じり合っていると言えるだろう。つまり、リアルの場においては、対面F陣形と同じで、参与者１人と関与物であるPCのモニターが向かい合っている状態である（人によってはモニターに角度が付いているかもしれないが、顔の向きはモニターと対面状態になっているはずである）。一方、バーチャルの場を想定すると、１つのモニターに写っているのは、授業の参与者が階層や参与のフッティングの枠を超えてモニターという枠の中に物理的に収まって見える横並びF陣形を正面から見た図と言える。図６では、Kendonが唱える横並びF陣形を図式化したが、それが実際のZoomのモニター場面ではどのように写るのか、図７に示した。対面場面では座る位置によって円陣を組み、身体空間に多人数相互行為の場を形成することが可能であったが、モニター画面になると、全員同じように小さなモニタースペースを占有し、平等に写されることになる。そこでは、全員が「こちら」を向き、リアル場面で向かい合う人物と直線的に向き合う。このように考えると、対面場面とオンライン場面では、参与の枠組みがいかに異なるか、何が異なるかが明確になるだろう。

　Zoomにおいては、対面では通用した視線配布による受け手の指定、傍参与者に自らなることの難しさがある。つまり、以前は相手を見るか視線を逸らすかで判別可能だった「受け手」になりたいか「傍参与者」になりたいかという相手の意思が、モニターという装置を通して相互行為を行うことで判別しにくくなったということである。また、図４で示した通り、陣形に歪みがあるため、教員や発表者と目が合うといった発話の権利を得たと明確に判別できる行為が行えない点も、発話を促すことができない要因となっている。一方では、オンライン（リアルタイム）授業が始まって半年以上経過した現在、そこには暗黙裡に通用し立

図7 Zoom モニター画面サンプル

ち位置の明示と相互行為に使用される共通基盤（Clark 1996）が構築されつつあると言える。例えば、発話の権利を得るために行う行為は、手を挙げる、音声を出す、視線配布の他に、ミュートの解除、チャット機能の利用、画面のオンなどが考えられる。これらの方策は実行するためにどれもが同じだけハードルを有しているわけではなく、ハードルが高ければ高いほど留学生には使用が難しくなる。さらに、発話の権利を得る方策も多いが、発話の権利を自ら放棄し、それから免れるための積極的方策も数多い。ミュートを外さない、画像をオフにする、視線をカメラから外すなどが挙げられる。これらの発話の権利から逃れる方策は、むしろ対面時よりも実行のハードルが下がり、留学生に限らず誰もが使用しやすい。このことは、オンライン授業では対面授業よりも発話を「しなくてもよい」状況を作りやすくし、対面よりも相互行為が産み出されにくい。さらに、視線配布に関しては、オンラインでは誤解も生む。視線が正面を向きこちらを凝視していたとしても、相手にしてみれば、自分のPCに映し出された資料を読んでいるだけという場合がある。一直線にこちらに視線を向けているように見えても、その間にはO空間を遮るPC（に投影されている資料）という関与物が存在し、その視線の判別は非常に難しいという点が、対面場面での視線配布とは

第2部　大学院教育における研究指導の事例

意味と機能が異なる所以である。

　このように、突如として始まったコロナ禍で否応なく始まり留学生も日本人も同時に対応を迫られ慣れることを迫られたオンライン授業では、対面授業と異なる新しいコミュニケーション・スタイルが確立しつつある。発言を逃れる方策が増え、また発話の権利を得たいという信号を発出しにくく、したとしてもそれが受け取られにくくなってしまった以上、お互いが積極的に発言し相互に刺激し合うことで成立していた授業を円滑に運営するためには、ある程度教員側から発言を促す授業運営を心がける必要がある。ブレイクアウトルームを使用して少人数に分割し、相互に発言せざるを得ない空間を作り出した後に全体に順に発表させて議論の端緒を作るという方策もあり得るし、教員が学生の属性を把握し、その方面からの見解を促すという方策もある。前者は利用しやすいが、全ての意見を全体への投げかけとして捉え、それに対して全員が自分の視点から見解を考える契機とするという授業の趣旨からは外れるため、後者の方が利が多いと考えられる。オンライン授業のコミュニケーション・スタイルに関してはそれに対してどうするのが正解ということはなく、ただ漠然とオンラインになったことで「違う」と感じるだけでなく、上述のように、そもそも参与の枠組みの構造が全く異なること、そこに複層性と空間の歪みがあることを理解し、運営していくことが重要であると考える。

5 | 結語

　本章では、大学院の専門科目の演習授業を実践例として取り上げ、そこで行われる議論と、その土台となっている参与枠組みの中でどのように授業が運営されているかを示した。さらに、複数年を検討することで、対面授業とオン

ライン（リアルタイム）授業の参与枠組みの違いを解明し、ただ対面で行っていたことをオンラインで行うわけではなく、その参与の枠組みに決定的な違いがあることを明示した。このことは、なんとなくオンライン授業でやりづらさを感じたり、異なりを感じていた教員、発表者、その他の参与者に、現況への理解を促し、今後まだしばらく続くであろうオンライン授業での方策を考えるきっかけとなるだろう。また、実践例で用いたような専門科目の授業においては、留学生が多い環境であればあるほど、日本語読解能力の差はもちろん、学部で取得した知識量の差から生じる専門知識量にも差がある状態となることを踏まえた上で、それぞれの実力に合った予習時間を十分に与えるための事前の情報共有が欠かせない。それは対面であれオンラインであれ同様であるが、オンラインの場合、さらに発言しにくい装置（発言から逃れやすい装置）がより多く関与していることを踏まえて対応していくべきであろう。

　私たちはこの1年で、否応なくオンライン授業という空間に慣れさせられ、その利点をも認識していると言える。もしパンデミックが収束し対面授業が始まったとしても、私たちのコミュニケーションの中にオンラインが残ることは確実だろう。その時、私たちはただ違いを感じとり即物的にその違いに対応するだけではなく、その違いがどこから来るのか、その根本を理解し、真に対応していくことが求められるのではないだろうか。本章が示した参与枠組みの構造の違いが、今後のオンラインへの対応の仕方を理解する一助になれば幸いである。

注　　[1] マルチモーダル分析とは、発語という単一のモダリティのみを分析
　　　　　対象とするのではなく、言語に限らず、さまざまな身体動作をも含
　　　　　めた分析のことである。その中には、視覚的な情報としての絵やデ

第2部　大学院教育における研究指導の事例

ザイン、その場に関与する全ての関与物が分析の対象となる（細馬・
　　片岡・村井・岡田 2011: 1, 岡本 2020ほか）。
［**2**］Kendonは論文内では明言していないが、F陣形の「F」はFaceの略で
　　あると言われている（坊農 2008: 545）。
［**3**］別の説として、牧野・小山・坊農（2015）では発話権に異なりがあ
　　る陣形についてはH陣形と呼び、Kendon（1990）のF陣形と区別し
　　ている。また、多人数インタラクションにおける陣形については坊
　　農・高梨（2009）に詳しい。
［**4**］図3は、Kádár & Haugh（2013: 128）の参与のフッティングモデル
　　を山口（2018: 48）と秦（2019: 53）で和訳したものである。
［**5**］図4については、秦（2022）の再掲である。

参考文献　　岩田祐子・重光由加・村田泰美（2013）『概説　社会言語学』ひつじ書房
　　　　　　　岡本能里子（2020）「オバマ広島訪問におけるメディア報道のマルチモー
　　　　　　　　ド分析—プラハ演説「核なき世界」との比較を通した「記憶」の再分
　　　　　　　　脈化」秦かおり・佐藤彰・岡本能里子（編）『メディアとことば5
　　　　　　　　特集政治とメディア』pp.120–140.
　　　　　　　片岡邦好・池田桂子・秦かおり（2017）「参与・関与の不均衡を考える」
　　　　　　　　片岡邦好・池田佳子・秦かおり（編）『コミュニケーションを枠づけ
　　　　　　　　る—参与・関与の不均衡と多様性』pp.1–26.　くろしお出版
　　　　　　　定延利之（2020）『発話の権利』ひつじ書房
　　　　　　　十河智美・北野賀子・佐藤伊吹・神田智子（2012）「仮想空間内でのエー
　　　　　　　　ジェントとのF陣形の形成」『Human-Agent Interaction Symposium
　　　　　　　　2012』http://www.ii.is.kit.ac.jp/hai2012/proceedings/pdf/2D-21.pdf
　　　　　　　　（2021年5月30日最終閲覧）
　　　　　　　秦かおり（2019）「多人数インタラクション場面における共通基盤化と動
　　　　　　　　的語用論—折り紙作成場面を事例に」『動的語用論の構築へ向けて
　　　　　　　　第1巻』pp.47–66.　開拓社
　　　　　　　秦かおり（2022）「オンライン／ハイブリッド授業における雑談の機能と
　　　　　　　　役割—大学院専門科目授業実践にみる新しい「日常」へのレジリエン
　　　　　　　　ス」村田和代（編）『レジリエンスから考えるこれからのコミュニケ
　　　　　　　　ーション教育』ひつじ書房
　　　　　　　坊農真弓（2008）「会話構造理解のための分析単位：F陣形」『人工知能学
　　　　　　　　会誌』23(4), pp.545–551.
　　　　　　　坊農真弓・高梨克也（編）（2009）『多人数インタラクションの分析手法』
　　　　　　　　オーム社
　　　　　　　細馬宏道・片岡邦好・村井潤一郎・岡田みさを（2011）「巻頭言　特集相
　　　　　　　　互作用のマルチモーダル分析」『社会言語科学』14(1), pp.1–4.
　　　　　　　牧野遼作・古山宣洋・坊農真弓（2015）「フィールドにおける語り分析の
　　　　　　　　ための身体の空間陣形—科学コミュニケーターの展示物解説行動にお
　　　　　　　　ける立ち位置の分析」*Cognitive Studies, 22*(1), pp.53–68.

山口征孝（2018）「聞き手の参与枠組み再考—聞き手役割のモデル化の有
　　用性」『聞き手行動のコミュニケーション学』pp.33–57.　ひつじ書房
Clark, H. H. (1996) *Using languag*. Cambridge: Cambridge University Press.
Goffman, E. (1974) *Frame Analysis: An Essay on the Organization of
　　Experience*. Cambridge: Harvard University Press.
Goffman, E. (1981) *Forms of talk*. Philadelphia: University of Pennsylvania
　　Press.
Kádár, D. Z. & Haugh, M. (2013) *Understanding Politeness*. Cambridge:
　　Cambridge University Press.
Kendon, A. (1990) Spatial organization in social encounters: The
　　F-formation system. In *Conducting interaction patterns of behavior in
　　focused encounters* (pp.209–237). Cambridge: Cambridge University
　　Press.

第7章

経済史分野における修士論文指導
テーマ、史料、分析方法、引用の仕方

山本千映

修士課程で経済史分野を専攻しようとする留学生は、経済学の知識はあっても具体的な史実や歴史学的な研究手法についての知識が不足していることが多い。また、出身大学によっては、学術的な文章を書くための作法について、ほとんど教育を受けていない場合もある。本章では、経済史が経済学と歴史学との学際的な分野であることや、外国経済史の場合は日本から他国・他地域の過去の経済事象を考えるという点を踏まえて、「比較」をキーワードにどういった指導が可能かを考察する。

1 はじめに

　経済史では、過去における経済事象を史料にもとづいて叙述し分析することが行われる。その対象は、人々がどのように働き、どのような財やサービスが生産され消費されるのかといった日常的な経済活動から、国や地域における流通の仕組みや経済活動を支える金融のあり方などの制度的な側面、個々の経済活動の結果としてのマクロ経済の動きなど、非常に多岐にわたる。また、特定の経済活動や経済的事象の意味を理解するためには、それが生じた地域的・時代的背景の知識も求められる。すなわち、経済学と

いう社会科学的な視点と地誌や歴史といった人文科学的な知見の双方が必要となる。

　経済学研究科で経済史を学ぼうとする学生の多くは、経済学の知識はあっても具体的な史実についての知識は不足していることが多いし、歴史学的な研究手法について学部でどの程度学んできているかは未知数である。加えて、外国人留学生の場合[1]、日本史についてはもとより、産業革命以来、過去200年にわたって世界経済に大きな影響を与えてきたイギリスや他のヨーロッパ諸国、またアメリカ合衆国の歴史に関しても著しく知識が不足していることが少なくないし、過去の社会の経済的な側面については驚くほど知らない[2]。

　本章では、こうした学生を対象に、筆者自身がどのように修士論文指導をしてきたかについて、失敗も含めて共有したい。その際には、さまざまな対称軸を用いた「比較」の視点の重要性が強調されることになる。これは、経済史という学問分野がそもそも経済学と歴史学という二つの学問分野にまたがった学際的な性格を持つことに加え、筆者が専門とするイギリス経済史に関して言えば、現在と過去、日本とイギリスといった、時間的・空間的に異なる対象を比較しながら研究が進められており、そうした比較が新たな論点を提示することが多いと感じているからである。ある個人が豊かな生活を送っているかどうかは、その人だけを見ていてもわからない。平均値との比較、過去の人々との比較、他国との比較を通じて、初めてその豊かさを位置づけることができるのである。

　歴史的事象については、生まれ育った環境や受けてきた教育がその認識や解釈に色濃く影響を与えると思われ、ディシプリンに国柄が強く出るような学問分野においては参考になるのではと考えている。

2 | テーマの設定

　外国人留学生が大学院入試に当たって提出する研究計画
書でよく取り上げられるテーマは、時代としては明治維新
期や明治30年代頃からの工業化の開始期、高度経済成長
の時期などで、20世紀後半であれば自動車工業史や家電、
半導体などを扱いたいといったものが多い。筆者の専門と
するイギリス経済史であれば、産業革命期の綿工業とな
る。いずれも経済史上のトピックスとしてまず思い浮かぶ
であろうものであるが、それだけに分厚い研究史が存在
し、修士課程の2年間でその分野に何か新しい知見を加え
ることは非常に難しい。したがって、さらに細部に立ち入
って考えていく必要がある。

　学術論文のリサーチクエスチョンを考えていく手順とし
て一般的なのは、二次文献のサーヴェイを通じて何がわか
っていて何がわかっていないかを示し、わかっていないこ
とについてどこまで明らかにしようとするかを定めていく
というものであろう。しかし、経済学研究科に入学してく
る外国人留学生にとって、経済史の二次文献を自分で読み
進めていくというのはかなり困難なものになっている。そ
の背景として、日本語学科卒という学生が少なくなく、経
済学についても日本史や西洋史についても、学部では一般
教養レベルの授業を受けたのみというケースが多いからで
ある。大学院入試に当たっては、個人で学習を進めたり、
近年増えている大学院進学のための予備校で基礎的なもの
を学んだ上で入学してくるのであるが、経済史について本
格的に学んできている学生は少数派である。このため、初
年度は経済史4単位、経営史4単位の基礎コースを中心に
学ぶカリキュラムとしているが、そこでは、幅広いトピッ
クスの研究を紹介することが主眼となるため、説明も教科
書的なものにならざるを得ない。経済学の場合、入門的な

教科書の他にも中級レベルのもの、上級レベルのものが数多く出版されており、上級レベルの教科書が理解できれば、学術誌で議論されていることも理解できるようになっているが、経済史の場合、教科書的な説明と学術論文で議論されている内容とには大きな懸隔があり、二次文献を自分で読み進んでいけるようになるまでには教員側のサポートがかなり必要となっている。経済史、経営史の基礎科目の上には、日本経済史、日本経営史、西洋経済史、西洋経営史、グローバル経営史といった科目が用意されているが、これは、経済全体を考える経済史的な研究を進めるのか、企業活動に焦点を当てた経営史的研究に進むのか、日本か欧米か多国籍企業かといった非常におおまかな区分となっており、個別論文やモノグラフを使って輪読という形で授業を行い、学術論文を読み進めていくために不可欠な周辺知識の補足を行っている。

　こうした授業科目を履修してもなおテーマを絞り込んでいく作業は難しく、修士課程1年目の終了時に立ち往生してしまう学生は少なくない。そうした学生に対して比較的有効だったのは、経済学で行われているさまざまな区分について思い起こさせ、それを参照軸として、自分が何に興味があるのか、何を知りたいと思うのかを考えさせるという方法だった。

　経済学は大きくミクロ経済学とマクロ経済学とに分けられる。前者は、個々の企業や家計が価格が自由に動く市場経済のなかでどのように行動するかを扱い、後者では国や地域全体の経済活動が関心の中心にある。また、経済学では実際に経済活動を行うプレイヤー、すなわち経済主体としては、家計、企業、政府の三者を考えており、これらの経済主体が市場で決定される価格をシグナルとして互いにモノ・ヒト・カネを交換していると捉えられている[3]。モノが交換される市場は財・サービス市場であり、ヒト（労

働力）は賃金をシグナルに労働市場で、カネ（資本）は利子率をシグナルに金融市場で取引される[4]。

こうした経済学におけるさまざまな区分を用いて、ミクロかマクロか、家計・企業・政府のどの経済主体の活動を知りたいのか、モノに興味があるのかヒトなのかカネなのか、といった問いを投げかけることで、学生もずいぶん頭の中が整理されるようである。

テーマを絞っていく過程でもう一つ有効だったのは、研究対象とする国と自身の出身国との比較である。外国人学生向けの英語での授業を担当した際に、自国通貨について、いつからその通貨単位を使用するようになったか聞いたことがある。日本人の場合、NHKが放送する大河ドラマなどで江戸期が描かれるときに一両小判や一文銭を見る機会があり、両や匁、文に代わって明治初期に円が導入されたことをなんとなく知っているという人がほとんどだと思う。その授業を履修していたフランス人学生は、導入からまだ日が浅いこともあって、ユーロ導入の経緯やそれ以前のフランについても理解していたが、カナダ人留学生や香港人学生、中国人学生は、カナダドルや香港ドル、人民元の導入の経緯をほとんど知らなかった。前述したように、留学生に人気のある経済史トピックスには明治維新とその後の近代化プロセスや、20世紀における日本の自動車産業の発展などがあるが、では、中国における近代化の起点はどこなのか、洋務運動と呼ばれる清朝末期の近代化の試みは具体的にどのようなものだったのか、あるいは中国の最初の自動車生産はどこでどのように行われたのかなどには思いが至っていないことが多い。

こうした問いかけは、一方で自国との比較を通じて対象とする経済事象をより深く理解することにつながっていくが、他方で、日本で大学院教育を受けるに当たって、日本語能力の面で日本人学生に劣ることの裏面として母語にお

133

いて圧倒的な優位を持っていることを自覚させることにも
つながる。例えば、ウィキペディアの洋務運動の項目につ
いて、日本語ページと中国語ページを比較すれば、明らか
に中国語ページのほうが情報量が多いし、参考文献も新し
く数も多いことがわかる[5]。中国語が読めるということを
最大限に生かして、最終的に、イギリスや日本の歴史的経
験を参照軸にしつつも、自国史をテーマに論文を書き上げ
ることになった院生もいた。この場合、参考とする史料や
文献の出自、またそれらの信頼性について指導側で直接確
認することが困難という問題点があるものの、その分野の
専門家に助言を求める等で典拠の信頼性が担保されれば、
それまで日本語や英語で紹介されることのなかった新たな
史実の発見につながることもあり、そのような論文は審査
のために読んでいて非常に楽しい研究になる。

3 史料と分析方法

　　テーマの設定と同時進行する形で、どのような史料にも
とづいて研究を進めるかの指導も行うが、これも修士論文
執筆の上での大きなハードルである。経済史も歴史研究と
いう側面を持つので、同時代に作成された史料にもとづく
議論が必要とされるが、日本で研究を行う以上、日本で手
に入る史料が中心にならざるを得ない。研究対象が日本で
あればさほど大きな問題にはならないが、外国史の場合、
政府統計などの刊行物を除けば、一次史料を日本で手に入
れることは難しく、二次文献に頼らざるを得ないことも多
い。国家が多様な経済統計を取り始めるのは欧米諸国でも
19世紀以降のことで、もっとも基本的な人口統計でさえ、
日本の第1回国勢調査が1920年であることを考えれば、19
世紀以前を対象とする場合は出来合いの経済統計に頼るこ
とは難しい。ただ、経済史分野においては、修士の段階で

は先行研究整理を網羅的に行うことでサーヴェイ論文として修士論文を仕上げるという選択肢も許されるので、この場合は、近年のジャーナル論文のオンライン化によって、言語を問わずある程度の論文を集めることが可能である。

　一次史料を用いる場合の指導で留意しているのは、どのようなタイプの研究を目指すのかを早めに決めるという点である。経済史分野における研究は、経済活動がどのような手続きを踏んで行われていたのかといった制度的な側面を考察するタイプの研究と、数値を用いて経済活動のレベルや相関関係・因果関係を分析するタイプの研究とに分けられる。前者は、質的な（qualitative）や、叙述的な（descriptive）といった形容がされるタイプの研究で、後者は量的な（quantitative）、あるいは計量経済学的な（econometric）タイプの研究であり、一般に数量経済史と呼ばれている。個人的な経験からは、後者の数量経済史タイプのほうが、外国人留学生には向いているように思う。

　質的な研究としては、土地所有制度や株式会社制度についてその特徴や性格、変遷についてまとめるといったタイプのものがある。以下、土地制度を例に取ろう。

　工業化以前の社会にとってもっとも重要でもっとも多くの就業人口を抱えていた産業は農業である。農業は土地を大量に使用する産業で、土地利用のあり方によってその社会の農業生産力は大きく左右される。ところで、1片の農地に対してただ一人の所有者がいて、その所有者が自身と家族の労働力だけを用いて農業を営むというあり方は、歴史的に見て必ずしも一般的なものではない。所有権には、その財産の自由な処分、つまり不要になった際に売り払ったり捨ててしまったりしてもよい、という意味が含まれる。江戸期の日本では、1643年に田畑永代売買禁止令が定められ、田畑の所有権を期限を定めず移転すること（永代売）が原則的に禁止されていたから、江戸期の農民が持

っていた権利は現代の所有権とは性格が異なる。また、明朝の後期（15、6世紀頃）から、中国では一田両主制と呼ばれる慣行が行われ、田地の所有権と耕作権が分離して後者が物権化し、耕作権のみを所有権の干渉を受けることなく売買したり質入れすることが可能となっていた。このように、土地所有のあり方は時代や地域によって多様で、どの作物を作付けするかの意思決定や収穫物のどの部分が誰のものになるかなどにも大きく影響するため、経済史において重要なトピックスの一つとなっている。

　しかし、ここまでの記述からもわかるとおり、非常に込み入った話になり、関連するさまざまな法令や慣習への理解も必要なので、日本人が日本の土地制度について理解するのも一苦労である。株式会社制度についても同様で、資金を持ち寄って事業を行うこと、その事業体が法人格を持つこと、持ち分を他人に譲渡することが法的に可能なこと、事業に対する株主の責任が有限であること、株式の譲渡相手を容易に見つけられること、といった諸側面について、時代や地域ごとにバリエーションがあり得たから、その時代やその地域における会社組織の性格を厳密に理解するのは難しい。それゆえ、外国人留学生が、イングランドの土地制度について英語文献を通じて理解を深め日本語でまとめたり、中国における会社制度の発達とアメリカのそれとを比較して英語で叙述したりといった修士論文執筆にはかなりの困難が伴い、指導も非常に難しいと感じている[6]。

　他方で、数量経済史タイプの研究では、利用できる形で数値データが集まりさえすれば比較的容易に研究を進めることができる。加減乗除は万国共通であり、統計学的な研究手法についての教科書は日本語でも英語でも数多く出版されており標準化も進んでいるため学びやすいからである。実際、土地所有のあり方について外国語で詳述するのは難しいかもしれないが、ある地域での土地の売買がある

時期には年間10件だったがその後の時期には50件になっていることを示す表なりグラフがあれば、土地市場の活発化を明瞭に示すことができる。また、裁判所記録などから土地に関する紛争が多くなったり少なくなったりすることを読み取ることも可能であろうし、訴訟が提起されてから判決が下るまでの平均日数などを計算して経済的な紛争解決の効率性を論じることも比較的たやすいであろう。問題は、数値データをどう集めるかである。

　先述したように、国家が体系的に経済統計を作成するようになるのは19世紀以降で、日本の場合は明治期以降になる。この時期以降を対象とするならば、さまざまな刊行物の利用が可能となっていて、日本の場合、外務省による『各開港場輸出入物品高』といった貿易統計や内務省による『府県物産表』など府県別の生産物情報が明治初期の1870年頃から公刊されている。これらは、紙媒体として大学図書館等で利用できるし、国立国会図書館デジタルコレクションなどネット上で閲覧できるものも多い。これらの統計表は、作成の経緯や表頭・表側がどのような定義で区分されているかについて正確に理解する必要があり、古いものは漢数字で数値が表記されている場合もあって語学能力も必要とされるが、それよりは計数能力のほうが重要で、外国人留学生ということから来るハンディキャップは少ない。

　国家統計以前の時代については、歴史人口学における研究手法が示唆的である。人口は経済を考える際にもっとも基礎的な数値であるが、日本で最初に人口センサスが行われたのは前述のとおり1920年でわずか100年の歴史しかなく、欧米でも近代的なセンサスが開始されるのは18世紀末以降のことで、アメリカでは1790年、イギリスでは1801年が第1回であった[7]。フランスで誕生し、イギリスで確立された歴史人口学では、センサス以前の人口につ

いて教区簿冊と呼ばれる史料を用いて分析がなされている。教区簿冊は各村落や都市の各地区に置かれた教区教会に、その教区で生じた結婚、洗礼、埋葬を記録するよう求めたもので、イギリスでは英国国教会がカトリックから離脱した1534年以降のものが残されている（Wrigley & Schofield 1981: 15）。

　歴史人口学で扱われる諸指標は、単純な人口規模だけではない。ある人口集団から人口1,000人当たり何人の子どもが生まれるか（粗出生率）、一人の女性が生涯で何人の子どもを産むか（合計出生率）、人々は何歳で結婚するか（平均初婚年齢）、初産は何歳くらいか（平均出産開始年齢）、出産後どのくらいの間隔で次の子どもが産まれるか（平均出生間隔）、産まれてきた子どもたちは最初の誕生日までに1,000人当たり何人が死亡するか（乳児死亡率）、各年齢別にどのくらいの割合で死亡するか（年齢別死亡率）、その結果、平均的にどのくらい生きるのか（平均余命）など、現代の人口学で用いられている指標のほとんどが算出されており、我々は人口現象の非常に詳細な諸側面を16世紀に遡って知ることができる[8]。

　注目すべきなのは、教区簿冊に記載されている数字らしい数字は日付くらいで、基本的には氏名が書き上げられているだけ、ということである。現在、我々が利用できる諸指標は、結婚簿からカップルを取り出し、洗礼簿から夫妻の名前を探してきて出生年月日を特定して結婚時の年齢を割り出し、二人を両親とする子どもの洗礼がいつだったかも探索して子どもの数や出生間隔を計算し、埋葬簿から彼らの死亡時の年齢を確定する、といった地道な作業を繰り返すことで算出されているのである[9]。これは非常に骨の折れる作業ではあるものの、実際の作業自体はきわめて単純だということがわかるだろう。しかし、その作業の結果として算出された人口学指標は、近代以前についてはまず

得ることは不可能だろうと思われていたもので、学術的に大きなインパクトを与えるものになっている。

このように、自ら統計を作るという作業は参入障壁が比較的低い一方で、出された数値に状況認識を変えうる力があって、おもしろい研究になることが多いように思う。実際、既存の数値であっても、グラフ化したり地図上に落としてみるだけで見方が変わることもある。20世紀初頭における関東州および満鉄沿線地域における教育制度をテーマにした指導学生の研究では、当時設立された初等教育施設の数と児童数をグラフ化していたが、学校数が増えないのに児童数が急増していて、各地で教場が手狭になっていたことが明確に表れていた。

また、こうした方法は、教区簿冊や宗門改帳のような手稿文書に限定されるものではなく、同時代の出版物から丹念に数値を拾い上げて数値化するという場合でも、興味深い結果が示されることが多い。イギリスには、ジョン・グラントやウィリアム・ペティ以来の政治算術の伝統があり、社会の状態を数値に置き換えて把握しようという試みが17世紀後半にまで遡って存在する。興味深いのは、それらが行政のための業務統計として作成された政府部内の内部文書というわけではないことで、多くが民間の出版物として刊行されていることである。そうした出版物は、現在、さまざまなデジタルアーカイブとして利用可能となっていて、日本の多くの大学でも全文検索可能なオンラインデータベースとして公開されており、PDFファイルとしてダウンロードすることも可能となっている[10]。

このような同時代の刊行物を用いて仕上げた修士論文としては、18世紀末のイギリスにおける人々の食事について、品目数やカロリー計算を行うという研究や、19世紀の新聞広告から開発されたばかりの化学肥料の普及を追うといったものがあった。どちらも地道な作業が必要な研究

であるが、それだけに形になったときの達成感は、より大きいものになったようである[11]。

4 | 叙述と引用

　実際に書くという段階になって一番の問題は、やはり日本語能力である。大阪大学では、日本語教育学を専門とするスタッフも多く抱え、国際教育交流センターなど大阪大学全学の留学生を対象とした日本語教育のための専門部局も設置されているため、基本的には開講されている日本語の授業の受講を奨励している。一方で、修士論文執筆に当たっての文章の自然さは、本人がこれまでどれだけ日本語の文献を読んできたか、どれだけ日本語で書いてきたかに大きく依存しているというのが筆者の印象である。

　なかなか完全に実践するところまでは至っていないのではあるが、一つの工夫として、半期に1度から2度程度の研究進捗報告の際に、パワーポイントでの要点提示とともに、報告内容をフォーマットを順守させた一定の分量以上のペーパーとして提出させ、それにコメントをつけてフィードバックするということを心がけている。1ページでも2ページでもよいので、箇条書きではなく文章として表現することを繰り返すことで、本格的に修士論文を書き始める前までにある程度のセンスが身につけられるのではと考えている。

　ただ、実際は、中間報告の段階では研究内容について詰めるのが精一杯で、文章を書くところまではいかずに箇条書きで済ませる学生がほとんどである。経済学研究科では、毎年、1月の第2週が修士論文の提出締切となっているため、12月中旬頃までに初稿の提出をさせているが、この段階で慌てることになるのが常である。

　文章修行の書籍などでも一般によく言われていることだ

と思うが、外国人留学生に対して毎回強調しているのは、重文や複文をなるべく避けてシンプルで短い単文にすること、順接なのか逆接なのかといった文と文との関係を意識すること、自分が使える接続詞を増やしそれらがどういう機能を果たすのか種類ごとに整理しておくこと、といった諸点である。これらも結局は本人の意識次第というところもあるが、特に、単文にして接続関係を考えさせると、文章全体がすっきりするように思う。また、一文が少し長くなる場合はそれを英語にしたときに何が主語で何が述語になるかが明快かを確認することも勧めている。これは日本人学生にとっても有効なようで、文法の異なる複数の言語を行き来することで、日本語の特徴をより深く考えるきっかけになっている。テーマ設定で述べた、研究対象と自国の状況との比較と同様の効能である。

　日本語の問題と並んで、執筆に当たって留意が必要なのが、意見と事実との混同である。留学生に限らないが、論文の本体部分で自分の価値判断を書いてしまう学生は少なくない[12]。また、先行研究で書かれていることと自身の分析の結果として見いだされたものとの混同も少なからず見られる。引用方法の問題である。

　本文中における引用のやり方や参考文献一覧の作成方法については、どの国の大学で学位を取ったかによって少なからぬ差が生じているようである。これまで指導してきた大学院生の中で強く印象に残っているのは、イギリスの大学を出て大阪大学の大学院に入学してきたという学生である。彼の場合、これらの点に関してほとんど指導の必要がなく、学部で卒業論文が必修ではない大学・学部出身の他の学生と大きく異なっていた。

　イングランドやウェールズでは、大学に入るためにGCE-A レベル（General Certificate of Education, Advanced Level）と呼ばれる全国共通の試験を受ける必要があり、3科目から

5科目を受験してその結果次第でどの大学に入れるかが決まる。科目によって解答方式が異なり、短答式、選択式、小論文式があるが、社会科学系の学部の場合、小論文式の科目を課すケースが多い。例えば、経済史学部がある数少ない大学の一つであるロンドン・スクール・オブ・エコノミクスでは、経済史のコースに入学するために3科目の試験結果を提出する必要があり、うち、1科目は小論文式の科目が求められている[13]。また、どの大学、どの学部を受けるにせよ、何を学びたいか、どういう学校生活を送ってきたか、大学で学んだ後のキャリアパスをどう構想しているかなどを綴った身上書（personal statement）の提出が必須となっていて、合否判定の重要な判断材料となっている。身上書は電子ファイルで提出されるため、コンピューターソフトを用いて、他人の文章の引き写しではなくオリジナルのものであるかどうかが厳格にチェックされているようである[14]。こうした大学入試の制度は、中等教育の段階で良い小論文を書く方法を身につける必要性を高めており、その土台の上に大学での教育があるため、イギリスの大学で学位を取った場合は、修士論文の段階では意見と史実の区別や引用方法といった技術的なことについてはクリアしているのであろう。

　日本の受験参考書と同様に、イギリスでは小論文式の科目についての参考書が大量に出版されている。筆者も歴史科目についてのものをいくつか購入してみたが、テーマごとにわかりやすく解説され、各章末に例題と解答例がまとめられており、非常に便利なものになっている。また、イングランド・ウェールズの大学のウェブサイトには、どういう構成で何を身上書に書くべきかといった概説がほぼ必ず掲載されており、身上書をまとめる際にやるべきこと（DOs）とやるべきでないこと（DON'Ts）がまとめられていることも多い。日本語でも類書は多いと思うが、小論文の

善し悪し（だけ）が大学の合否に直接関わるという受験生は日本の場合それほど多くないので、真剣さの度合いがかなり違うという印象がある。大学ウェブサイトの身上書についてのヒントは、分量もA4で1ページほどなので大学院生に読むことを勧めているが、実際に読んでいるらしい院生は少ないものの、読んでみた院生はウェブサイトの作りの違いや大学受験制度の違いなどからも示唆を受けているようである。

　参考文献一覧の作成方法については、日本語文献と英語文献の一般的なまとめ方を、学術誌の執筆要項などを配って指導しているが、院生の報告資料を見て、逆に、日本語と英語だけでわかった気になっていた自分に気づけたという経験もある。英語では、学術論文の場合、論文名をクォーテーションで囲い、雑誌名をイタリックにするが、ドイツ語の場合、クォーテーションもイタリックも使わないことがある。また、論文名がクォーテーションで囲われている場合、「„……"」といったドイツ式のものが使われるし、ページ数も「p.」や「pp.」ではなくSeiteの略語の「S」や「SS」が使われる。中国語の場合、カギ括弧ではなく山括弧「〈〉」や二重山括弧「《》」が用いられるが、二重山括弧を使って書名・雑誌名を区別することをせず、すべて一重というケースもあるようだ。こうした言語による文献表示の方法の違いは筆者自身にとって新鮮な発見であり、学生にも紹介することで、体裁を整えるための面倒な作業というのとは別の捉え方で、何らかの興味をかき立てられないかと考えている。

5 ｜ おわりに

　本章では「比較」をキーワードに、経済史分野での修士論文指導の事例を紹介した。経済史を含め歴史を学ぶこと

の意義の一つは、過去の社会について理解することを通じた現代社会の相対化であろう。相対化は過去と現代を比較することによって可能となり、相対化されることで現代社会についての理解も深まる。その前提となるのは、過去の社会と現代社会との間に存在する何らかの差異であり、その差異を比較することで我々は多くの気づきを得る。戦前の日本の大学は4年間ではなかったし、18世紀にはイギリスでも企業は数えるほどしかなく、企業に就職することは一般的ではなかった。AIの発達で多くの仕事が失われると言われているが、同じように激しい技術変革の時代だった産業革命期には、手紡ぎや手織りの仕事が失われる反面、紡績機や力織機を作りメンテナンスをする機械工という新たな職業が生まれた。こうした事例を知ることは、現代社会の位置づけをよりよく理解し、将来を構想する力になる。

　外国人留学生は、日本社会とは異質な社会で生まれ育った人たちであり、自らが生まれ育った環境と留学先の日本との違いからさまざまなことに気づくポテンシャルを持っている。彼ら、彼女らのポテンシャルを最大限に引き出すような指導をすることが、我々教員に課された役割であろう。

注

[1] 大阪大学大学院経済学研究科に所属する外国人留学生240名のうち167名（69.6％）が中国からの学生で、国別で2位の韓国人留学生33名（13.8％）を大きく引き離している（www.econ.osaka-u.ac.jp/international/number.html（2021年2月15日確認））。筆者自身がこれまで指導してきた外国人留学生も、ドイツ系ブラジル人1名を除いてすべて中国人留学生なため、本章での事例紹介は主として中国人留学生の指導にもとづくものである。

[2] 歴史に関する知識や過去の社会の経済的側面についての知識が不足しているのは中国人留学生に限らない。蒸気機関と蒸気機関車の区別が

ついていない日本人学生は多く、トーマス・ニューコメン（1664–
1729）やジェームス・ワット（1736–1819）の活動時期に引きずら
れて、鉄道が18世紀に一般化したと思っている学生はかなりの割合
で存在する。他学部の学生に比べて、経済学部に入学してくる学生に
ついて言うと、総じて歴史への関心が薄いのではないかというのが、
大阪大学で行われている学部1年次生向け、全学部対象のセミナー形
式の授業を何度か担当しての印象である。

　もっとも、筆者の、研究者ではないイギリス人の友人に百年戦争や
アヘン戦争について聞いたところ、イギリスとフランスが戦争したと
は知らなかったとか、イギリスが世界各地で植民地戦争をやっていた
のは知っているがアヘン戦争がどこで起こったかは知らない、と言わ
れたことがあり、小説や映画などで頻繁に取り上げられる断片的な歴
史物語はそれなりに知っているが体系的な知識はない、というのが国
を問わず一般的、ということなのかもしれない。

[3] 政府の場合は、労働市場を通じて公務員が雇用されたり、市役所など
で購入される物品が財・サービス市場で調達されたりする他に、税金
という形で家計や企業からカネが移転され、各種の補助金という形で
再分配される。税金をいくらにしてどのような形で補助金を分配する
かは、議員や首長の選出と同様に、市場を通じてではなく政治的に決
定される。

[4] 経済史では、市場が存在しないか市場機能が不完全だった時代や社会
も扱うが、その場合でも、ヒト・モノ・カネがどのように交換されて
いたかを考えることが重要な気づきを生む。

[5] 2021年2月15日現在。もっとも、東洋史、東洋経済史を専門とする
日本人研究者との私的な情報交換によると、中華人民共和国が1978
年の改革開放まで事実上学術面で孤立状態にあったことや、遣隋使以
来の日本における中国研究の長い伝統、戦前の日本企業による中国大
陸進出の際の資料が豊富に残されていることなどから、日本のほうが
研究が進んでいる分野も多いようである。

[6] このタイプの修士論文として、イギリスのミドルクラスの女性の生活
をテーマにしたものを指導したことがあるが、一次史料を駆使しての
研究までには至らず、二次文献のサーヴェイという形でまとめること
になった。

[7] 欧米で確立されていく近代的な人口センサスの「近代性」とは、全数
調査であること、自計式であること、定期的に行われること、などで
ある。全数調査は費用も手間もかかるので、現在行われている国家統
計は、多くが標本調査として行われている。例えば、総務省統計局の
ウェブサイトに示されているとおり、我が国の就業状態を明らかにす
るために行われている労働力調査の対象は、一般世帯総数約5000万世
帯の0.1％にも満たない4万世帯ほどにすぎない。また、イギリスの第
1回から第4回までのセンサス（1801年、1811年、1821年、および
1831年）では、英国国教会の教区牧師などを調査員として、その教区

の人口を数え上げさせるという他計式で行われており、各世帯に調査票を配布して世帯主自らが世帯員についての情報を記入する自計式のセンサスは1841年以降である。その意味では、イギリスにおける近代的なセンサスの開始は1841年である（山本2007: 143）。明治政府は、1871（明治4）年には戸籍法を制定し、それまで藩ごとに異なっていた戸籍作成の方式を全国的に統一して翌1872（明治5）年に壬申戸籍を編成しているが、これは全数調査だが他計式であった。また、6年ごとに改訂することが想定されていたが実際はほとんど行われなかった。このため、出生届や死亡届、居所の移動を届ける寄留届の脱漏によって、戸籍上の人口と実際の府県人口や市町村人口とには食い違いが生じ、年を追うごとに拡大していった（佐藤2001: 48–50）。

[8] Wrigley & Schofield（1981）、Wrigley et al.（1997）などを参照。日本についても、宗門改帳という史料を用いて、江戸期の歴史人口の詳細が明らかにされている。宗門改は幕府によるキリスト教禁止政策の方法として、島原・天草の乱（1637–38年）を契機に幕府直轄領で、1671年以降は全国で行われるようになる。原則として毎年作成される宗門改帳には、村や町に居住する人々の名前と世帯内の続柄、年齢などが記載され、それぞれがキリスト教徒ではなく仏教徒であることが檀那寺の印を押してもらうことで証明されている。さしあたり、速水（2020）、第12章を参照。

[9] これは宗門改帳でも同様で、複数年にわたる宗門改帳から個人名を名寄せしていき、個人のライフサイクルを復元することで人口学的な指標が計算されている。

[10] 1473年から1700年までの英語での刊行物13万点を集めたEarly English Books Online、18世紀のイギリスとその植民地で出版されたあらゆる刊行物を集めたEighteenth Century Collections Online、ロンドン大学ゴールドスミス文庫とハーバード大学ビジネススクールのクレス文庫の蔵書6万点余りをオンライン化し1450年から1850年をカバーするMaking of the Modern World（MOMW-I）などが、多くの大学で利用可能となっている。また、18世紀以降の議会文書を集めたHouse of Commons Parliamentary Papers（HCPP）も全文検索が可能な形でオンライン化されている。イギリスのセンサス報告書は議会文書という形で刊行されており、HCPPで全文を見ることができる。

[11] もっとも、数値化は物事を抽象化して理解するということなので、時代性や地域性、その出来事が生じた文脈などの一部は捨象されてしまう。数値化・数量化によって、何がすくい上げられ、何が捨象されるのかということについて、明確に注意喚起することも必要であろう。

[12] 清末の洋務運動について修士論文を執筆したある留学生は、歴史的背景としてアヘン戦争について説明する箇所で「卑劣なイギリスは……」ということを初稿で書いてきた。イギリスが卑劣かどうかはいったん棚上げして、史実としてどういうことが起きたのかをまずまとめるよう指導したところ、母国の歴史の教科書やその他の文献にそう書

いてあるので、なぜ書いてはいけないのかわからない、という返答だった。日本の歴史学は、少なくとも筆者が受けてきた教育では、恣意的な価値判断を排除して厳密な史実の確定を目指すというもので、科学としての歴史学はそうあるべきと今でも信じているため、強い違和感を覚えた。日本で経済史を学んだ意義として、そうした客観的な態度も身につけてほしいと願っている。

　なお、日本最古の歴史学会の一つである史学会の設立には、1887年に御雇外国人として帝国大学文科大学史学科に招かれたルートヴィヒ・リースというドイツ人が深く関わっている。リースは、近代歴史学の祖と呼ばれるレオポルト・フォン・ランケにベルリン大学で直接学んでおり、一次史料にもとづき倫理的な価値判断を排した中立的な歴史叙述という方法を日本に広めた。

[**13**] www.lse.ac.uk/study-at-lse/Undergraduate/Degree-programmes-2021/BSc-Economic-History（2021年2月15日閲覧）。

[**14**] ウェールズのスウォンジー大学のウェブサイトによる。www.swansea.ac.uk/ucas-personal-statement/（2021年2月15日閲覧）

参考文献　　佐藤正広（2001）『国勢調査と日本近代』岩波書店

速水融（2020）『歴史人口学事始め―記録と記憶の九〇年』ちくま新書

山本千映（2007）「ヴィクトリアン・センサス―1841年センサスの成立」安元稔（編著）『近代統計制度の国際比較―ヨーロッパとアジアにおける社会統計の成立と展開』日本経済評論社

Wrigley, E. A., Davies, R. S., Oeppen, J. E., & Schofield, R. S. (1997) *English population history from family reconstitution 1580-1837*. Cambridge: Cambridge University Press.

Wrigley, E. A. & Schofield, R. S. (1981) *The Population History of England 1541–1871*. Cambridge: Cambridge University Press.

ローカルな知識と日常会話

山本千映

　　日常会話って難しくないですか？というお話。

　大人になってから英語の学び直しをしている人が「せめて日常会話くらいはできるようになりたい」と言うのを耳にすることが少なからずある。けれども、日常会話ほど難しいものはないのではなかろうか。

　2009年の10月から1年間、研究者として初めて在外研究の機会を得て、ケンブリッジ大学にお世話になった。所属した研究グループでは、毎日11時から30分ほど「コーヒー」と呼ばれるお茶の時間があり、メンバーは特段の理由がない限り毎回参加するよう言われていた。修士課程の大学院生として2年弱イギリスで過ごした経験があったので、初回はさすがに緊張したものの、さほどの気負いもなく参加していた。が、何が話されているか理解できないことが多々あった。

　「コーヒー」は非常に重視されていた。リラックスした雰囲気の中での研究者同士や大学院生を交えての雑談が、研究のアイディアや自身のプロジェクトでうまくいかないところに対する助言につながると期待されていたからである。実際、このデータをこう加工したいのだが、とか、この数値を地図に落として表示したい、といった話を振ると、たちどころに解決案がいくつも出てきて、「あとで研究室でPC上で説明するよ」とか「研究室に戻ったらメー

ルで送るよ」と言ってもらったことも一度や二度ではな
く、とてもありがたい時間だった。

　研究の話であれば、あれやこれやの不自由は当然のよう
にあるけれど、それなりに議論できるし、会話の中で迷子
になることはまずない。研究者は学術的な話を日常的にす
るので、こうした話ができれば「日常会話ができる」と言
って良いのかもしれない。けれども、「コーヒー」での話
題はそれ以外にもたくさんあって、The Lion Yardの新し
いお店だったり、Triposに向けて学生がナーバスになっ
ている件だったり、次のHalf Termに子どもをどこへ連れ
て行こうか、といったことなども話されていた。はて、
The Lion Yardって何だろう……。

　滞在がそれなりに長くなってくると、市内中心部にある
ショッピングモールの名前がThe Lion Yardであること、
学部生の最終試験がケンブリッジ大学ではTriposと呼ば
れていること、小学校の各学期のちょうど真ん中あたりに
Half Termという1週間のお休みがあることなどがわかっ
てくるが、それまでは「？」と顔に書いてあるような状態
で聞き役に回るばかり。もちろん、周辺の単語から、それ
らが何なのかはぼんやりと想像はつくが、あくまでぼんや
りとしかわかっていないので自分から積極的に会話に入っ
ていくことはできず、つまり「何も話さずコーヒーをすす
る30分」も数多く経験した。

　こうしたローカルな知識は、語学能力とはまた別の問題
で、そのあるなしはコミュニケーションに大きくかかわっ
てくる。そこにずっと住んでいる人にとっては当たり前の
ことだったりするので言語化される機会も少なく、新参者
にはなかなかにアクセスしづらいものがある。日常会話は
そうした暗黙知で成り立っている部分が大きく、とてもで
はないが「日常会話くらい」などとは言えない。

　時たま、それが暗黙知だということに気づいて解説して

くれる人がいる。心底うれしくなる。留学生にとって、そんなホストでありたいと思っている。

コラム③　ローカルな知識と日常会話

法学分野における
留学生教育および研究指導

長田真里

法学は、将来的にビジネスや国際社会で活躍したいと考える留学生に人気が高く、法学研究科にも多くの留学生が在籍している。しかし、法学の研究には専門知識が必要とされるにもかかわらず、留学生の中には大学の学部で法学を専攻せず、基礎知識が不十分な学生も多い。そのため法学の初歩的な教育も必要とされることがしばしばある。また、漢字圏の学生と非漢字圏の学生との違いもあり、法学研究科における留学生教育についてはまさにケースバイケースでのきめ細やかな対応が求められてきた。本章では経験を基に、法学分野における留学生教育や研究指導における現状と課題を示したい。

1 はじめに

　本章では、法学分野における留学生教育や指導に関して特に問題となる点や配慮が必要な点、注意を払っている点につき紹介したい。なお、法学研究科での大学院生指導は、原則として各教員に全面的に委ねられており、一般化することは不可能である（そのこと自体についても議論の余地があると思われるが、ここでは取り上げない）。そのため、本章の記述はあくまでも筆者個人の経験に基づくものであり、

所属機関や研究科全体で共有されているものではないことを予めお断りしておく。

2 | 法学研究科における留学生の現状

2.1　留学生の出身地域

　法学研究科に所属する留学生はほぼ9割が中国もしくは台湾出身であり、ほぼ1割が韓国、タイ、ウズベキスタン等の出身者である。つまり、圧倒的多数は漢字圏からの留学生である[1]。このように留学生の出身国に偏りがみられる理由として、第1に法学研究科の博士前期課程に留学生として入試を受けるためには、公益財団法人日本国際教育支援協会および独立行政法人国際交流基金の実施する日本語能力試験において1級又はN1合格の認定を得ているか、独立行政法人日本学生支援機構の実施する日本留学試験の「日本語」で250点以上（又は「記述」を除いて220点以上）を得ているかのいずれかを満たしている必要があり、これらの要件は非漢字圏の学生にとっては非常にハードルが高いことが指摘できる[2]。また、第2に法学研究科では原則として修士論文や博士論文など学位論文を日本語で書く必要があることもあげられよう。このため、日本語能力試験の要件がある博士前期課程はもちろんのこと、入学に際し日本語能力試験に関する要件を設けていない博士後期課程についてもかなり高水準の日本語能力が要求されることとなり、これも非漢字圏の学生を遠ざける主な要因の1つであると言えよう。

2.2　高度な日本語能力が必要な背景としての日本の法体系

　このように高い日本語能力を留学生に課すことがなぜ法学研究科で必要とされるのか。これは日本の法学の成り立ちと関係があると言えそうである。まず、法学には大きく

分けて、大陸法系の法体系とコモンロー系（英米法系ということもある）の法体系の2種類の体系が存在している。大陸法系はローマ法を起源とし、主としてヨーロッパの大陸諸国で採用されている法体系である。コモンロー系は、イングランドを中心に発展してきた判例法を中心としたもので、主としてコモンウェルスの国々やアメリカにおいて採用されてきている法体系である。現在の日本法は大陸法系に属するが、これは、現在の日本法が、ほぼ、大陸法系に属するドイツ法かフランス法を範として明治時代に作られた法を基盤に、整備されているからである[3]。第2次世界大戦後は、日本国憲法がそうであったようにアメリカ法をはじめとするコモンロー系の影響も大きく受けてきているのだが、依然として基盤となるのは大陸法系の法体系である。大陸法系とコモンロー系では、同じ物事に対してのアプローチが全く異なっていることが多く[4]、概念の隔たりが大きい。そのため、用語1つとっても、簡単に英語に変換できる用語は少なく、日本法を英語で正確に説明し、かつ、理解しようとすることは非常に難しい。英語で書かれている日本法に関する文献が非常に少ないということがこのような現状をよく表していると言える。さらに法学を専攻する教員側も、研究対象としてドイツ法かフランス法のいずれかを主としている場合が多く、英語文献も必ずしもそろっているとは言えない状況であり、英語のみでの研究や英語による教育ができる基盤が整っているとは言いがたい。これらの事情から、上述したように、法学研究科においては日本語での研究指導が中心とならざるを得ず、留学生に高い日本語能力を要求する結果、留学生の出身国に偏りが生じるとの結果につながっている。

　また、日本語について高い能力を有している留学生にとっても、上述した資料の不足や英語による教育ができる基盤が整っていないという問題は、研究を進める上で少なか

らず影響があると言える。日本語能力が一定程度あるとはいえ、多くの学生にとって日本語は第2外国語であり、英語の方になじみがあるのは間違いがない。しかし、英語で日本法を研究するすべはほとんどなく、日本語の文献を読み解くしかないため、留学生にとって日本の大学で法学の研究を進めることは容易なことではない。

3 | 法学研究科における留学生指導の例

3.1 留学生対象の授業

以上のように、法学研究科において留学生が研究を進めることは、日本語を母語とする者にとってのそれよりはるかにハードルが高い。さらに、法学分野は一定程度の専門知識が必要であり、一部の国とは異なり[5]、日本の法学系大学院は原則として既に法学を履修している学生を念頭に置いた指導を前提としているにもかかわらず、留学生の中には学部レベルで法学を一切勉強したことのない学生も多く、個人的には、日本語、法学の双方でかなり苦労する学生が多いという印象である。

このうち、法学の知識が不十分な学生や、母国の法学について一定の知識を有していても日本法についての知識を有さない学生向けの授業として、法学研究科では「日本法総合演習」、「民法の基礎」、「公法の基礎」といった法学一般に関する科目を開講している。このうち日本法総合演習は留学生のみが履修できる科目として開講しており、以下のように15回で概ね日本の法律全般を概観できるようなカリキュラムを組んでいる（なお、科目の開講順序は担当教員のスケジュールによって変わるため、必ずしも毎年この順序で開講されているわけではない）。

1. イントロダクション

2. 日本法概論

3. 憲法① ―人権

4. 憲法② ―統治機構

5. 行政法

6. 民法① ―財産法

7. 民法② ―家族法

8. 商法

9. 民事訴訟法

10. 刑事訴訟法

11. 刑法

12. 国際私法

13. 労働法

14. 経済法

15. 法社会学

　また、基礎科目としては上述したように、公法の基礎と民法の基礎の2科目を開講しているが、これは日本の法制度は大別すると公法系と私法系の二つに分かれ、それぞれについての基礎知識を学ぶとそれ以外の科目についても理解がしやすいという理由による。このように法学研究科ではこれまで法律にあまり触れたことのない留学生でも一定の知識を得て、スムーズに研究活動が進められるようにカリキュラムの設計を行ってはいるが、多くの留学生はこれらの開講科目に加え、法学部生に対して開講されている講義科目や演習科目を履修ないしは聴講することで自らが研究したい分野の基礎的な知識をさらに得ているようであるし、筆者自身も、担当する留学生に対して自分の学部開講科目と演習科目を聴講するように促している。

3.2 大学院で必要な日本語能力と専門知識

　法学研究科として、特に、留学生に対して、法学の研究を遂行するための日本語能力を向上させるための対策をとっているわけではない。来日直後の学生に対しては、チューター制度を利用して日本語や日本での生活の支援を行ってはいるが、この制度は交換留学生と研究生が対象であり、正規の大学院生は利用できない。また、国際教育交流センターが提供している「上級専門日本語アカデミック・リーディング」「同アカデミック・ライティング」「同アカデミック・コミュニケーション」など、さまざまな日本語科目を履修する留学生もいるが、日々の研究科の授業で手一杯の学生も多いようである。日本語科目履修の必要性が高い院生ほど、日々の授業の対応で手一杯で、追加で日本語科目を履修する余裕がないようにも思われる。

　実のところ留学生が日々の研究生活の中で日本語の理解と運用に苦しむ場面は非常に多い。上述したように、日本法に関する文献はほぼ日本語で書かれたものであり、その読解に苦しむだけではなく、講義などでも日本語の講義聴解能力が不十分であると授業の内容についていくことが難しい。留学生しかいない授業であれば、ゆっくりと解説するなどの対応も可能であるが、日本人と留学生の双方が参加している授業であれば、留学生のみに対応するわけにはいかず、留学生にとっては難易度の高い授業となってしまう（なお、この点、コロナウイルス感染症拡大によりオンラインでの授業となった2020年度について、学部の授業は録画を一定期間オンデマンドで視聴できるようにした結果、何度も聞き返すことができ、理解度が上がったという留学生の感想があった）。このような授業時の留学生に対しては、常々何かしらの対応が必要であると認識はしているものの、結局は個人の日本語力の問題につきるように思われ、組織レベルでも、個人レベルでも具体的な対応ができていない状況である。

さらに留学生にとって日本語と専門分野の知識の両方で苦労する場面が、演習や大学院の授業での報告である。筆者の担当する留学生に聞くところによると、中国の大学では（法学部に特有の事情であるようだが）、学部レベルでは演習のような授業がなく、何かをまとめて参加者の前でプレゼンテーションするという経験をすることがほとんどないとのことである。したがって、そもそもこの判例やこの文献について報告してください、という指示を与えられても、どのような準備をすればよいのか戸惑う留学生も多いだろうとのことであった。ただ、この点は、報告の実例を一度みれば多くの学生にとって対応可能であり、特にこのこと自体が留学生指導において難しい点であると認識したことは個人的にはあまりない。

　他方、報告のための準備段階で、専門知識とその理解と運用のための日本語とで留学生の多くは非常に苦労しているようである。

　そもそも法学研究では、まず、法律の条文を理解できることからスタートしなければならないが、法律の条文は必ずしも平易な日本語で書かれているわけではない。平成7年に刑法が口語化されたのを皮切りに、今では多くの立法が口語化されてはいるが、それでも簡単に理解できるようになったとは到底いえないような条文が並んでいる。例えば、法の適用に関する通則法という法律があるが、その10条の規定は以下の通りである。

「法の適用に関する通則法

10条（法律行為の方式）

1　法律行為の方式は、当該法律行為の成立について適用すべき法（当該法律行為の後に前条の規定による変更がされた場合にあっては、その変更前の法）による。

2　前項の規定にかかわらず、行為地法に適合する方式は、有

効とする。

3　法を異にする地に在る者に対してされた意思表示について
　　は、前項の規定の適用に当たっては、その通知を発した地
　　を行為地とみなす。

4　法を異にする地に在る者の間で締結された契約の方式につ
　　いては、前二項の規定は、適用しない。この場合において
　　は、第一項の規定にかかわらず、申込みの通知を発した地
　　の法又は承諾の通知を発した地の法のいずれかに適合する
　　契約の方式は、有効とする。

5　前三項の規定は、動産又は不動産に関する物権及びその他
　　の登記をすべき権利を設定し又は処分する法律行為の方式
　　については、適用しない。」

　日本語を母語とする者でも、この条文を一読して、すぐ
に内容を理解できる者はそう多くはないのではないだろう
か。留学生にとって、このような条文を読み解き、その解
釈運用を研究する困難さは想像をはるかに超える。

　なお、筆者は学部の演習では日本語の文献で日本法を扱
い、大学院の授業では英語の文献で比較法を扱っている。
まず、学部の演習では対象となる①日本語文献を読み込み、
②それをまとめてレジュメを作らなければならないが、こ
のいずれにおいても留学生は苦労している。①の段階では、
そもそも分からない用語が多く、それが法学の専門用語で
あるのか、通常の日本語であるのかの判別もつかず、意味
をとるのに苦労することがままあるとのことである[6]。さら
に②の段階でも、日本語としては理解できていても、要点
をまとめてレジュメを作ることが難しいと感じる者が多い
ようで、課題の文献等がほぼそのままの形でレジュメとし
て提示されることもままある。加えて、それを出席者の前
で口頭により報告することはさらに高度な日本語力を要求
され、留学生にとってハードルが高いようである。

また、大学院の授業では英語文献に変わることから対象文献の理解自体はそれほど難しくはないものの、③自らにとって外国語である英語のものを別の外国語である日本語でまとめて説明しなければならないこと、④専門知識が不十分な中で外国法に対応しなければならないことという別のさらなる困難が生じるようである[7]。とはいえ、法学研究において比較法は極めて重要であり、大学院における研究教育においては欠くことのできないものであるため、留学生に対するきめ細やかな指導と、あるべき研究教育の姿と、いずれを優先すべきなのか、毎回悩んでいるところである。これら報告に際して困難を抱える留学生へのケアとしては、例えば、研究科在籍中常にサポートしてくれる学生がつけられ、彼らに相談でき、報告準備も手伝ってもらえるような体制ができていれば、留学生にとっても教える側にとっても有益なのではないかとも考える。

3.3　留学生の論文指導

　法学研究科で留学生の指導をするに当たって、最大の難関は、論文指導である。筆者の担当する学生に対しては、原則として月1回学生全員で集まる研究指導の会を設け、そこで前回から今回までの研究の進捗状況と次回までの課題を報告する、そこで進捗状況に問題があると思われる学生がいれば、個別に対応し、全体での研究指導までに何度か個別面談し、相談に応じ、必要な指導をするというシステムをとっている。

　入学当初から修士論文にそのままつながるような研究テーマを持っている留学生もいるが、修士論文としては難しいと思われる研究テーマ（対象が広すぎたり狭すぎたりその理由はいろいろである）を持って大学院に入学する留学生も少なくない。後者の留学生に対しては研究テーマの選定から対応をする必要がある。多くの学生は入学して数ヶ月で修

士論文のテーマを決定できるが、例えば法学研究科に入学してから中国での司法試験も受験しようとしている学生（少なからずいる）は、どうしても論文のテーマ選定が後回しになり、ギリギリまで決まらない学生もいる。

　テーマ選定にあたり学生が必要とするサポートはまさにケースバイケースであり、個々の学生がどのような点に興味を持っているか探りながら、読むべき文献を指示したり、方向性を示したりするなど、学生の自主性も重んじつつ慎重に対応することが重要であると考えている。

　テーマが決まればあとは文献調査と論文を書くだけであるが、ここでもいくつか留学生指導上の注意が必要になることがある。まず（これは日本人学生にも十分周知徹底させることが必要な点ではあるが）、剽窃防止のための指導である。筆者の専門分野は国際関係法学であるため、修士論文のために利用する参考文献や資料は日本語のものだけではなく、英語のものも多くなる。そのため、例えば、英語の参考文献・資料を利用する際に、それを英語では理解できても、日本語にする作業に手間がかかることを嫌って、その文献や資料を日本語で紹介しているものから出典を示さずに、文章を若干短くしたりまとめたりなど少々加工して写してしまうような例（単純なコピーアンドペーストではないが）がままある。あるいは英語や外国語の論文の一部を日本語に翻訳して、元の出典を一切示さずにそのまま自分の見解としてしまったり、自分の論文の一部として論文に入れてしまおうとするような例もあった。毎年剽窃の防止については学生に厳しく指導し、研究指導の過程でそのような例を見つけると都度厳しく注意しているが、特に上述したような例については、自分で一手間をかけているのだから剽窃ではない、と勝手に思い込んでしまう留学生がいるということも現実である。さらに、元の論文を翻訳してそのまま自分の論文に組み込んでしまうような事例は、剽窃チェッ

クソフト等でも見抜くことができないため、対応に苦慮している。元の言語が英語など担当教員の理解可能な言語であれば、できる限り引用されている論文と照らし合わせて確認すれば防止策も講じられるが、元の言語が例えば中国語であるような場合には事前チェックも難しい。

　また、論文の指導についても留学生指導ならではの問題がある。日本人（あるいは日本語を母語とする外国人）学生については、論文の論理の流れや学術的なレベルを指導すれば足りるが、留学生については、日本語のチェックがどうしても必要になる。法学研究科では、最初に書いたとおり、個々の教員に留学生指導が全面的に委ねられていることから、自分の担当する学生の論文のチェックは基本的にはすべて教員一人で負担することになる。この点、法学研究科では修士論文を書く留学生一人につき論文チューターを10時間分手当てしてもらえるが、修士論文が出来上がったときだけチューターにチェックしてもらうというわけにはいかず、修正する都度チューターにみてもらうという作業を繰り返しているとあっという間に10時間の上限を超えてしまう。チューターの10時間というカードをいつどのように切るのか、毎回非常に悩ましいところである。もう少し柔軟かつ長時間、できれば修士2年の間の1年間は全面的にチューターなどのサポートが得られるようなシステムがあれば、教員の負担も留学生の不安も大幅に減るだろうと思われる。

3.4　部局と全学における対応

　以上、簡単に法学研究科における主として担当教員の行っている指導を概観してきたが、ここで、部局全体としてのサポートについても簡単に紹介したい。

　法学研究科では、留学生担当の事務職員が1名配置されており、研究生や正規課程の学生として法学研究科に入学

してくる学生の、主として手続面でのサポートを全面的に行っている。

　また、留学生相談室が設けられており、常時1名の相談員が留学生の相談や事務的には行えないサポート業務を担っている。留学生相談室での相談やサポートの内容は、生活面でのサポートも含め多岐にわたるが、学習面でのサポートとしては、国際教育交流センターによる全学留学生向けの「留学生日本語プログラム」[8]、マルチリンガル教育センターによる言語学習支援施設「OUマルチリンガルプラザ」[9] などの言語の自律学習支援システムの紹介や、日本語ボランティアの紹介、図書館でのさまざまな支援プログラムの紹介などが主となる。

　以上のような各種プログラムや支援の機会の提供は、留学生の日本における研究活動と生活面をサポートする目的のものであり、留学生が自分の必要性に応じて選択しながら活用できるものと位置付けられる。引き続き、関連の情報や機会の提供は、その質を低下させず向上できるよう、部局と全学とで共通の認識を持つことが重要であると考えている。

4 ┃ おわりに

　以上、非常に個人的な経験に基づく記述ではあるが、法学研究科における留学生教育の現状と課題をあげた。今後留学生の受け入れ数は増加することはあっても減少することはないと思われるが、現状の法学研究科での各個人任せの留学生指導では、教員の負担も留学生の負担も増える一方ではないかと危惧している。日々、より質の高い教育、研究を留学生にどのように提供できるかということを試行錯誤しながら過ごしているが、正解は未だ見いだせていない。留学生のサポート体制が圧倒的に不足していることは

間違いないと実感しているが、どのように効率的かつ公平にサポート体制が刷新できるのかについても、これといった解は見いだせていない。ただし、先述した、留学生の専門知識の多寡や、研究指導上の問題、論文引用の問題等は、他部局の事例にも類似したものが存在していると思われる。今後、他の部局でのサポート体制も参考にしながら、全学レベルのサポート体制との連携も重視しつつ、留学生にとってより魅力的な教育研究環境を提供できる体制を構築したい。

注

[1] 2020年度に法学研究科に正規生として在学する大学院生48名のうち、非漢字圏出身の学生はわずか5名である。また、筆者自身もこれまで数十名指導した正規生の留学生のほとんどが中国、台湾、韓国の出身者である。

[2] なお、留学生枠ではなく、一般枠で試験を受ける場合にはこれら日本語要件は課されないが、その場合には、日本人や日本に長く居住している外国人と全く同じ入試問題を同じ条件で課されることとなるため、むしろハードルは上がると言える。

[3] 川島武宜『日本人の法意識』（岩波書店・1967年）p.10.

[4] 例えば、一定の期間、自らの権利を行使しない場合、大陸法系ではその権利自体が時効により消滅するという考え方をとるが、英米法系では権利の消滅ではなく、裁判所で自らの権利の実現を図ることができない出訴期限という考え方をとる。いずれも一定期間放置すれば権利行使をすることができない、という帰結は同じであるが、アプローチや考え方が全く異なる。

[5] 例えば、日本のロースクール制度の基となったアメリカ合衆国では法学教育は大学院からしか提供されておらず、近時ロースクール制度をスタートさせた韓国でも、ロースクール制度開始と同時に原則として法学部をすべて廃止し、法学教育は大学院からの提供となった。アメリカにおける法学教育については、例えば、池田雅子・河津博史・白木麗弥・藤原靖夫（2011年）「アメリカの法曹養成制度」『法曹養成対策室報』5号42頁以下（https://www.nichibenren.or.jp/library/ja/publication/books/data/5-6.pdf　最終閲覧日2021年3月22日）、韓国における法学教育改革については、例えば、尹龍澤（2009年）「韓国の法学教育と法曹教育― 韓国型ロースクールの開幕を目前にして―」『ノモス』24号19頁以下（https://www.kansai-u.ac.jp/ILS/publication/

第8章　法学分野における留学生教育および研究指導

asset/nomos/24/nomos24-02.pdf　最終閲覧日2021年3月22日）を
参照。

[6] 実際、法学用語は一般的な日本語と同じ言葉を用いているにもかかわ
　　らず、意味が異なる場合があり、この点は日本人の初学者も戸惑うと
　　ころではある。例えば、よく知られているところでは、善意・悪意と
　　いう表現がある。法学での善意・悪意とは、知っているかどうかを表
　　す言葉であり、ある事情につき知らない場合を善意、知っている場合
　　を悪意という。このように通常の日本語でも使用されているが、法学
　　で使用する場合には意味が異なる用語は非常に多い。

[7] なお、用語の問題は、英語文献でも同じように生じる。日常でよく用
　　いられる単語でも、法学の文脈で使用されると全く意味が異なる単語
　　は多い。

[8] 大阪大学全学に在籍する学部生・大学院生・研究生・短期留学生に対
　　する日本語プログラムの総称である。ここでは大学院生・研究生の留
　　学生が受講するコース（日本語集中コースと日本語選択コース、およ
　　び特に上級者の大学院生向けの学際融合教育科目）を示す（https://
　　ciee.osaka-u.ac.jp/education/japanese_program/　最終閲覧日2021年
　　5月11日）。

[9] 大阪大学における自律的な外国語学習を支援する場であり、日本語を
　　含むさまざまな外国語について相談などの言語サポートが受けられる
　　（https://www.lang.osaka-u.ac.jp/cme/plaza/　最終閲覧日2021年5月
　　11日）。

参考文献　　八木玲子（1997）「法学部における留学生をめぐる諸問題―専門教育教官
　　　　　　　　の立場から」『広島大学留学生教育』1, pp.71–77.

＊なお、本稿は2021年3月に脱稿しており、本文の叙述はその時点での
　状況に基づくものであることを付記する。

第9章

保健学系大学院にチャレンジした留学生への研究指導
国籍・バックグラウンドに関係なく探究できる特殊領域

大野ゆう子

> 保健学は、欧米におけるPublic Health（通常、公衆衛生と訳される）よりも広い概念であり、公衆衛生、疫学、疾病予防や健康維持のための行動変容や社会システム構築など社会医学の領域から、基礎医学、リアルワールドの医療・介護・福祉の領域まで包含する。日本では医師以外の医療職養成課程のイメージが強いが、国際的には医療現場に近いところでHealth Scienceを研究できる大学院として興味を持たれ、看護系以外の学部からも国際連携教育や研究交流の打診や留学生の希望がある。本章では保健学の多様性を活かすための対応と過去の事例を紹介する。

1 はじめに

　保健学の大学院と聞くと看護師など医療系職業、ライセンスを持つ人が行く大学院というイメージを持つ人が多い。しかし、大阪大学の保健学専攻は、世界的にも数少ない保健学【Health Science】を探究できる大学院として、広いバックグラウンドから年齢・職業経験に関係なく、有志が集まっている。その多様性に憧れて海外からの研究生、留学生の希望者も多く、教員研究者からも本学の保健学教育システムを知りたい・導入したい、また、保健学領

域の研究に参加したいという希望が寄せられている。実際に雇用された外国人教員もおり、近年は外国の大学に所属したまま一定期間は本学教員として雇用されて教育研究活動をするというクロスアポイントメントによる外国人教員の雇用も始まっている。本章では大阪大学の保健学専攻[1]における留学生の活躍と指導教員の対応について紹介する。

2 | 保健学専攻の大学院受験から始まる国際交流

2.1 大学院受験からみた国際交流

「国際交流」には、（1）学会や論文などで教員と知り合い、学部間国際交流協定など結び開始する場合と、（2）大学院志望で連絡をとってきた学生が研究生として所属し大学院にも進学、そしてその学生ともども学生の出身校や関連大学と国際交流協定を結んでいく場合の2通りがあるように思われる。

（1）の場合は、学生は短期研修などの形で来日したり海外へ行くなどの体験交流から始まり、興味を持った場合に大学院医学系研究科受験へと進むものと考える。保健学専攻でもこの形の国際交流もあり、たとえばフィンランドのオウル大学とは2002年に学術交流協定を結び、2008年には阪大から教員と学生4名がオウル大学に行き、2010年にはフィンランドから8名の学生が阪大に来ている。また、2015年ごろには高齢者ケアなどにトピックを絞り夏季研修を企画し、東アジア、東南アジアの国際学術交流協定を結んだ複数の大学から応募者を募るという国際交流活動を行っていた。しかしこれらの交流大学からの、または交流大学への留学には必ずしもつながらず、当該分野の教員や学生の負担が大きいこともあり、夏季研修は規模縮小となってしまった。

一方、（2）は大学院受験からスタートする。現在、保

健学専攻の入試情報はホームページ上に公開されており、大学院紹介もアップされている（2021年3月現在、英語での情報提供は構築中）。保健学専攻の大学院を希望する場合、留学生はまず、志望する研究室の研究生となり、研究をしながら受験を目指す場合も多い。これは、実際に大学院進学後、保健学研究領域では、学力や知識だけでなくコミュニケーション力や個人情報守秘や倫理に対する感覚など領域独特の基礎知識や行動が要求されるためと考えられる。留学生の場合、研究生になると大阪大学の国際交流教育交流センターが提供する日本語集中コースか日本語選択コースを無料で受講することができる。これは入門から超上級まで7レベルの日本語習得度別にコースが設定されており、保健学専攻だけでなく、全学的にも院生や研究生になり、これらのコースを受講する留学生も多い。

　大学受験では日本語能力試験のN1レベルを要求しているが、実際のところ、保健学専攻の大学院での研究、講義を正確に理解しようとするとN1レベルでも難しい感はある。これは、保健学専攻が持つ社会学的側面によるものと考えられ、数式や化学式などで意思疎通ができる部分が限られていることが一因だと考えられる。中国人留学生の場合、簡体字とはいえ漢字圏であり文章の読解については概ね理解できるが、発音が異なるため会話が難しい場合もある。日本の看護師の資格試験には合格しても会話が難しいという外国人は少なくない。現状では、残念ながら大阪大学で提供している外国籍学生向けの中級レベルまでの日本語コースを受講しただけで合格する力をつけることはなかなか難しいようで、一般の日本語学校に行ってから大阪大学大学院を受験する方が、少なくとも保健学専攻の大学院では合格に結びつきやすいようである。その理由は、各研究科が大学院生に期待する日本語能力はかなり異なり、保健学では日常生活表現・理解が専門知識とともに望まれる

ためと考える。保健学専攻では、研究において医療者・患者家族とのコミュニケーションが必要となる場合が多く、専門用語の理解だけでなく、日常会話をはじめとする基本的な日本語能力を確実に獲得していることが望ましい。そして、それは日本語学校での基礎的な学習内容と合致すると考える。

　母国で研究者を目指し学習に励んできた学生が、一番吸収力がある若い時期に、受験のため、一般的な日本語を勉強するためにだけ日本語学校に通い、1年または2年の月日を過ごすのは誠にもったいない。そこで、保健学専攻では、国際的な学生交流協定の一環として長期研修制度を試験的に運用している。相手大学が認めれば相手大学の学部4年生時点で本学の学部研究生として研究を行いつつ、大学院受験を目指し、日本語学習に励むという方法である。残念ながらこの費用はすべて自費であり、相手大学の単位履修方法とのすり合わせも必要である。しかし、日本の大学院に通い、日本人大学生とともに日々、勉強したり、研究課題を進めることは、留学生にとって大きな魅力であり、日本人学生にとっても貴重な体験となっている。なお、新型コロナによりこのシステムは現在中断しているが、落ち着けば再開は可能と考える。

　このシステムの延長線上には、国際共同大学院構想があり、複数の大学から学位を取得できるコチュテルのような仕組みも想定される。学生が自分のテーマを探究する過程で、複数の大学においてそれぞれの特性を活かした指導を受け、研究を進め、結果としてそれぞれの大学からの学位取得につながるという、自然な形で国際共同大学院が開始できればと考えている。具体的には、現在、このシステムを開始した相手大学に大阪大学の海外拠点を設置し、日本人教員の教育拠点を確保している。一方、保健学専攻では受け入れ教員が外部資金により研究室を確保し、院生や研

修生の居住環境を整えている[2]。また、相手大学は自国政府へ大阪大学保健学専攻と共同教育コースを開発するプロジェクト申請を行い、資金確保や学内協力を図り自治体にも協力を要請している[3]。これも新型コロナにより足踏みをしているところがあるが、お互いの国柄を超えた協力体制を目指して大学人としての協力は進めている[4]。

2.2　学部の専門を活かすということ

　本専攻の最初の外国人大学院生は、博士後期課程開設2年目、博士後期課程を受験した中国人であり「中医」であった。中国では西洋医学を学んだ「西医」と中国医学（中医学）を学んだ「中医」がおり、それぞれ臨床医として活躍している。教育課程はともに5、6年であり、「中医」にも小児科や外科など「西医」と同様の科目があり、日本での鍼灸、漢方、薬膳、気功なども包含した教育内容を履修する。中国では「中医」大学で助教授として臨床でも活躍していた研究者で、日本にも脳卒中の診療・治療のために留学経験のある臨床中医師でもあった。

　中国人に限らず、一般に外国籍でも同じ国籍の「口コミ」ネットワークは強力で、自国の誰かが大学院に入ったと聞くと、その先生が所属する専攻を受験してくる場合が多い。では最初の一人はどうであったかというと、本専攻の場合は、本人が中国で調べて、大阪大学の別の大学院で学んでいた友人に頼み、指導教授との面談、募集要項の取り寄せを頼んだ。この第一例目から一般大学院とはかなり異なる。まず、中国ではすでに中医薬大学の助教授で病院の臨床医としてもベテランであったこと、中医学という日本の東洋医学とも看護とも異なる教育を背景としていたこと、日本語については特に日本語能力試験は受けていなかったこと、などである。日本には2回ほど秋田の脳卒中研究会での研修などで短期間、来日していたが、博士課程受

171

験の動機は優れた日本の東洋医学を勉強したい、保健システムを学びたいと思ったから、というものであった。筆者自身は以前から東洋医学に興味はあったが、中国本土からこのような研究者が日本を目指し、博士課程への在籍に至るとは思ってもみなかった。「友人」を介してのやり取りではあったが真剣な態度であり、知識も学力も高いと感じられたので受験を認めた。

しかし、大きな問題があった。中国において中医学（鍼灸だけでなく薬膳、漢方、公衆衛生も学ぶ）は当時、5年コースであった。上記の研究者は、修士号は取得していない。この研究者に受験資格があるかどうか、新たな大学院においては一つ一つを検討し、受験資格審査会、教授会を経て受験資格の許可となった。この研究者は合格し、その後3年で国際学会での発表も経験し学位をとった。この研究者のバックグラウンドは中医学であるが、採血など侵襲的な検査なしで体調をみる中医学の方法論は保健学、看護学に通じるものであり、学位取得後、日本の鍼灸師の資格をとり、本学の招聘教授として大学院生教育、社会人教育にも長く関与してもらった。

2.3　保健学とは──ロボティクス＆デザイン看工融合学・数理保健学

保健学とは健やかさを保つ学問であり、人類すべてが直感的に共感できる研究領域である。健やかさとは何か。WHOは、健康の定義を「病気でない、弱っていないというだけではなく、肉体的にも、精神的にも、社会的にも、すべてが満たされた状態（a state of complete）」としている[5]。保健学は、この定義が示すように、単に病気の治療や予防だけではなく、精神面、社会的な面からもその支援について考える。そして、考えるだけでなく実践する実学である。

健やかさは、概念的にはWHO憲章で表現されているが、実践に移すとすれば具体的に、歳を重ねるに従い、時

代や文化により、社会的にも変化する、ダイナミックなものとして捉える必要がある。文化人類学的考察も可能であるし、医療・看護技術として技術開発も必要である。文化背景や基礎教育、職業、年齢は異なっても、それぞれのキャリアを活かした研究課題を見出し、追究できる。それが保健学という領域である。

　生活支援という視点から、大阪大学には保健学専攻では我が国初の工学部門を設立した。ロボティクス＆デザインRobotics & Designという魅力的な分野に工学を背景とした多くの留学生が応募してくる。彼らが満足できる教育体制、教育内容を考えるとき、この部門には工学専門家が必要となる。本専攻においては、外部資金による外国人教員の雇用を実現した[6]。この教員は、大阪大学大学院工学研究科で学位をとり、日本語が堪能、かつ外国の電気電子機器企業、研究所での管理職経験があり、英語に堪能という理想的な教員であった。この教員が特任助教、特任准教授として本学に在職した5年間に、工学部出身の外国人留学生2名が入学し、生活支援ロボット開発研究に携わり、一人は修士終了後は日本企業に、もう一人は修士から博士に進学し学位をとり日本の大学に特任研究員として就職した。なお、この教員自身は母国の国立大学に人工知能・機械学習・ロボティクス領域の教授として招聘された。つまり、学生指導、研究だけでなく自身もキャリアを積んでステップアップすることが保健学専攻でも可能であったということになる。保健学専攻という、医師、看護職やその他医療職、患者が身近にいる研究環境は、工学者にとっても十分魅力的な研究テーマを提供できることを実感した。

　保健学専攻ではもう一つ、数理保健学、すなわち数理モデルによる保健学事象の解析というアプローチ方法がある。この領域には調査・実験も含まれる。ここには、言語学を学部で専攻した留学生が応募してきた。相手の情感、

173

感情的反応を感じ取ることが苦手なところがあり、だからこそ理詰めで分析したいという希望があった。まずは自国の痛みや調子の悪さを表す表現と日本語、英語表現の比較から研究を開始したが、半年あまりで今度は音声に興味を持ち、声の雰囲気で感情を読み取る可能性についての研究を開始した。ICレコーダや分析ソフトウエアを扱うのは初めてであったが、そこは日本人学生もフォローし、2年の間に扱えるようになり、その後、脳波分析など分析手法も学び、博士まで進学、学位を取得した。現在は母国の大学で主として統計学を担当する講師として働いている。

保健学とは健やかさを保つ学問である。留学生に、どのような専門性を求められるか、どのような専門性を提供できるか、丁寧に説明し、プロセスを追って教育課程を設計することにより、この領域は多様な学生を受け入れ可能な特殊領域として、今後も発展できる可能性を持っている。

3 事例紹介

最後に、以下、いくつか印象的な事例を紹介する。これらの事例の含む課題は、今後、検討により改善されるものもあれば、なかなか解決が困難な課題もあると考える。

3.1 新型コロナのため春節で帰国したら戻れなくなった研究生

中国では、2月初旬から国を挙げて一斉休業、日本のお正月のようなお祭り騒ぎとなる。2020年1月、中国武漢での感染症の話が広がってきたころ、まだ日本では緊急事態宣言も出されていなかった。入国禁止もなく、出国も自由であった。中国からの研究生が数名、春節で中国に戻ったが、毎年のことでもあり、学生も指導教員も帰国について特に問題ないと考えていた。ところが、その後、急激に新型コロナ感染が社会問題となり、中国国内でも地域によ

っては厳格な自宅待機を要請される事態となった。研究生達は2020年夏に行われる保健学専攻の修士の受験を希望して研究生となっていたが、2020年春学期になっても中国から出国できず、日本にも入国できずという事態となった。結局、このときにかなり無理をして3月に中国を出国して日本に戻ってきた学生以外はそのまま中国に足止めとなり、大学院受験もできなかった。研究生としての学費を払っており、オンラインで毎週行われる研究室のゼミには参加できるが、来日自体が難しく、結果として進路変更を余儀なくされたケースもあった。

　なお、大阪大学では新型コロナ感染対応として学生に対してさまざまな措置を適宜講じており、日本に再入国できなかった留学生に対しても配慮ある決定を出し、対応もしてきた。しかし、研究生については、日本人も含めてなかなか対応が難しいところがあり、受け入れ教員としても対応が後手に回った感がある。学費納入は、学生と大学の間の問題であり、学生の個人情報にも関わることから教員にはなかなか把握が難しく、問題が起きるぎりぎりまで知らない、知らされないことが多い。知り得たとしてもどうしようもないところがあるのだが、このような学生個々人の事情に対する教員側の対応については、留学生対応の難しさの一つとなっている。別の学生で入学金を払っていないケースがあり、1週間後が納入期限でもし納入しなかったら入学取り消しになる、という連絡を受けたことがある。慌てて本人に電話で連絡し、事なきを得たが、このような特に不測の事態における留学生への連絡の徹底については難しさを感じる。

3.2　新型コロナのため大学院入学式に出席できなかった留学生

　大学院に合格、入学というのは日本人でも晴れがましいことであり、一生の記念ともなるものである。合格手続き

においても、必ず大学院のオリエンテーションには来るように、という説明書きが入っている。外国人学生へも同様である。しかし、2020年4月はそれが難しかった。入国できないがどうすればいいか？　入学取り消しとなるのか？　これらの不安を指導教授に伝えてくる（当時はまだ、押印廃止などの「合理的」対応はなかった）。これは、教員にとっても不測の事態であり、分からないことのほうが多かった。

　この2年程、大学院に進学した学生においても、同様に中国をはじめとする母国から出国できなくなった学生は多く、実験を主とする研究室ではまったく研究ができないまま1年間過ごしてしまったという話も聞いている。また、事務連絡や事務対応が大変難しかったという話を聞いている。後日知ったことだが、中国のロックアウトされた地域では本当に一歩も家から出られず、銀行も含む企業も休業状態となるなど、かなり強力な移動制限がなされていた。日本の緊急事態宣言でもそこまでは行われない。今回の新型コロナのように、国ごとの対応が大きく異なる場合、学生に不利益とならないような対応を、大学として、研究科として、考えていく必要があると考える。また、このような非常事態において、どの程度、当事者に決定権を持たせるか、便宜を図らせるか、それを大学教務の責任で行うシステムの設定も重要と考える。

3.3　博士公聴会が新型コロナ入国制限・緊急事態宣言と重なった留学生

　保健学専攻では、社会人学生を認めている。勤務しながら研究が続けられること、現場感覚を持って研究課題を探究できること、職場が病院の場合は状況がお互いによく分かった上で倫理審査を受けることができること、など利点は多い。一方で勤務の忙しさもあり、3年間での学位取得

のためにはかなり努力が必要である。そのため、履修期間を一定期間延長できる長期履修制度の利用者も多い。外国人留学生にも同様に社会人学生制度や長期履修制度が適用され、自国での調査研究を行いやすいなど自国の生活環境ならではの課題に取り組めるというメリットもある。とはいえ、従来は来日して本学に通学しつつ学位取得を目指す学生が一般的であった。

　2018年の博士後期課程合格者に、初めて主として母国在住で研究する留学生がおり、指導教員が年に2、3回、渡航した際に面談し進捗状況を確認したり、メールによりディスカッション指導をするという方法で研究を続けてきた。学生本人の努力により、3年間で4本の原著論文を出すことができ、長期履修制度を利用することなく、2020年度内での博士公聴会に臨むこととなった。本専攻において3年在学の場合、博士公聴会は3年目の11月以降の申し込み、開催となっており、当該学生もそれに則って教務と連絡しながら手続きを進め、2021年2月に公聴会開催の予定で申し込んだ。日本では来日・帰国者にはホテルでの14日間滞在が求められていた頃である。

　ところが、日本における新型コロナ患者急増となり、母国でも2月には日本が入国禁止にするらしいという噂が流れた。そこで急遽、当該学生は、公聴会開催日を1月20日に変更する手続きを行った。また、自国から日本への直行便が廃止されたことに伴い、他国経由のチケットを購入することになった。通常は数時間ですむところ、38時間もかかってしまったが、手を尽くしてとったチケットで1月2日に来日することができた。実際、2020年12月26日には日本政府が水際対策としてすべての国に対して入国禁止（28日から）を発令しており、噂は本当になってしまった。緊急事態宣言が2021年1月に出され、旅館・ホテル業界が軒並み休業していった時期である。この学生は

14日間のホテル滞在が終わり、やっと大阪大学に行こう
とした日の朝、滞在ホテルが休業宣言を出し、滞在先を移
らねばならなくなるなどの混乱が続く中、公聴会を終える
ことができた。しかし、帰国便がとれず、2月2日までの
滞在となり、帰国前PCR検査も義務付けられ、さらに、
母国に戻った後、3週間のホテル隔離となった。これら待
機中のホテル滞在費用はすべて自費であり、飛行機代等を
合わせれば100万円近くの大きな負担となってしまった。
公聴会をオンライン形式で行えるかなど事務に打診はして
いたが、これほど急激に新型コロナ感染の拡大が起こり、
渡航に影響が出るとは思っていなかった。この認識の甘さ
は今後の反省点である。なお、幸いなことにこの留学生は
自国では大学教員であり、自費としての費用負担はほとん
どなかったと聞いている。

　公聴会自体は感染予防に留意して実行できたが、対面形
式をどこまで許容するか、変更の事務手続きにおいて書
面、サイン、郵送という指定をどこまでPDFファイルの
添付で認めるかなど、譲れない点はどこで、その理由は何
か、事務側の認識と教員の認識をすり合わせることが柔軟
かつ素早い対応を行うに際しては重要と考える。2021年
3月の段階では、大学はじめ社会においてさまざまな手続
きがかなり簡略化されており、今後もこの議論は進むもの
と考える。

3.4　その他の印象的な事例

　以下では、その他の事例を3点に分けて示す。

3.4.1　新型コロナウイルス下における外国人教員の来日

　上記と同様の時期に、外国人クロスアポイントメント教
員の来日期間が重なり、この外国人教員も日本での滞在の
ためにチケットを変更、高額かつ遠回りのルートで来日す

るという事例があった。この教員も滞在ホテルが緊急事態宣言で休業となり、移動を余儀なくされたが、14日間のホテル待機中からオンラインによる研究打ち合わせ、学生とのミーティング開催などの活動をお願いした。ただ、帰国するにも再び大きな負担がかかり、高額で、かつ遠回りのチケットに頼らざるを得ず、帰国後には3週間のホテル隔離となった。この教員の場合はクロスアポイントメントでの来日のため、航空運賃と日本でのホテル待機期間の滞在費用（帰国までの滞在期間ではなく、クロスアポイントメントのための最短期間）は日本側で持つ契約となっていた。しかし、想定外の事態であり、特例として自国における滞在期間のホテル代はじめ、ほぼ全額を大阪大学で負担することとなった。とはいえ、今後の研究活動を考えれば、このような事態におけるクロスアポイントメントによる講義のあり方、研究のあり方について、大学の事務的な検討は必要と考える。

　今後、来日せずにオンライン講義でもクロスアポイントメントによる雇用条件を満たすとなれば、外国人教員の雇用と講義を受けることのハードルはかなり下がることになる。今回の新型コロナウイルスによる移動制限は、オンライン講義の単位認定などを再考するきっかけになるとも考えられる。

3.4.2　地震により日本における就職を再考した留学生

　日本は地震の多い国であり、2021年2月13日にも福島、宮城で震度6強の地震があった。10年前の地震の余震という発表もあり、今更ながら地震のエネルギーの大きさ、時間軸の長さを実感した。外国人にとっては、地震はまったく経験がない場合も多く、大変恐ろしい災害の一つである。数年前、博士前期課程から来日し、後期課程まで進み学位も取得した学生がいた。日本での就職も実現し、

それを皆で祝った後、本人は関東に向かった。ところがその後、東北大震災が起きた。住居は東京ではあったが震度4程度の揺れだったようである。その後も数回の余震が起こったことから、次第に大地が揺れるという地震に対するショック、恐怖感が強くなり、しばらくして職を辞し、母国に帰ってしまったとのことである。大阪は東京に比べれば地震は少なく、大阪への留学中は地震には遭遇しなかったことも恐怖につながったものと考える。幸い、母国でも大学で就職できたとのことではあるが、日本の自然にどのように慣れるかというのも留学生にとっては一つの課題と考える。

3.4.3　ライフイベントにより学業の継続に悩んだ留学生

　留学生のライフイベントと学業についてもいろいろな事例があった。日本人学生と同様に結婚、出産、そして母国の両親、親族の病気の介護など、留学生も留学中にさまざまな体験を積んでいく。学業、研究は人生の一部分であり、異国で生活を続けること自体が大きなライフイベントと言える。友達や日本人学生との雑談という何気ないひとときの積み重ねがストレスを和らげていく。しかし、残念な結果となったケースもある。同国籍同士の夫婦で、まず、男性が学位をとるまで女性がアルバイトで支え、その後、今度は女性が学位を目指して大学院に進学した。そのころから軋轢が始まったようで、博士後期課程の2年目で男性から離婚を言い出されてしまった。女性には大変深い心の傷となり、通学もできなくなり、指導教員や同輩が本人の自宅を何度か訪問したが、なかなか立ち直れず、最終的には博士後期課程を退学することとなった。母国における結婚、離婚など文化背景もよく理解している第三者がいれば相談にのれたかもしれないとは思うが、感情のコントロール、パーソナルな部分の支援は、教員がどの程度踏み

込んでいいかという問題も含めて、ケースバイケースであり、難しい。

4 │ 結論

　本章では、保健学という領域での留学生の受け入れの状況と課題の提示、支援の実績について紹介した。どの領域でも共通する部分もあると思うが、保健学領域では教員や日本人院生に看護職はじめ医療職が多いことが特徴かもしれない。つまり、相手の状況の観察、把握に長けた人たちが多いので、留学生に対しても同様で、「困っているかも」、「いつもと違うかも」という情報を教員に伝えてくれる。こうした情報伝達により、それぞれの留学生の体調の異変や状況の変化にいち早く気が付くことができ、事務とも連携した対応ができたことにつながったと考える。

　日本人学生に比べて、やはり外国人留学生に対しては「世話をする」対応が生じるのは事実であるが、日本人大学院生でさえ「幼く」なったとされる現在、それは外国人留学生だけの状況とも言い難い。

　本章では留学から始まる国際交流という視点で説明したが、研究を進めるにあたって、多様な国籍を持つ大学院生としての留学生とともに研究できたことは日本人学生にとっても幸せであったと考える。

注

[1]　大阪大学大学院医学系研究科保健学専攻のHP
　　 https://sahswww.med.osaka-u.ac.jp/jpn/ （2021/02/16）
[2]　このような場所の確保については大学からの支援が欲しいところではあるが、このレベルで支援ができるほど潤沢な予算はないのが実情である。現状においては、国際協力、国際交流活動を行う場合は、かなりの研究費の持ち出しと教員・日本人学生のボランティア精神に頼っている。

[3] 中国政府とのやり取りの場合、大阪大学が実在する証明、カリキュラムを持っていることの証明等、複雑な手続きが必要となる。大阪大学では研究科ごとに国際協力を推進する事務部門があり、保健学専攻でも国際交流センターを置いている。このような部門のサポートがあるため以前よりかなり楽にはなったが、現状では受け入れ教員自身も事務連絡に入る必要がある。両国の研究者・教育者同士が希望する形を目指せば、どうしても事務だけでは分からない部分もあり、人任せにできないところもある。さらに、中国も近年システムが整ってきたために従来はなかった手続きが必要となったり、書式が変わったりなどの変化が起こっている。新型コロナにより「押印」「郵送」に頼ることの難しさが世界的にも認識されたが、大学教員が行う国際交流においても同様である。

[4] 2020年1月末、中国でマスクが欠乏していたときに、日本から自費ではあるがサージカルマスクをできるだけ購入し相手大学に送ったところ、大変感謝された。そして3月、今度は日本でマスクが払底したときには、相手大学からN95マスクと大量のサージカルマスクが送られてきた。こういう交流は「マスク外交」という言葉では表現できないものと言える。

[5] WHOの健康の定義

https://www.who.int/about/who-we-are/constitution (2021/02/16)

少し長いがConstitution（WHO憲章）の全文を掲げる。1946年にまとめられたものである。

- Health is a state of complete physical, mental and social well-being and not merely the absence of disease or infirmity.
- The enjoyment of the highest attainable standard of health is one of the fundamental rights of every human being without distinction of race, religion, political belief, economic or social condition.
- The health of all peoples is fundamental to the attainment of peace and security and is dependent on the fullest co-operation of individuals and States.
- The achievement of any State in the promotion and protection of health is of value to all.
- Unequal development in different countries in the promotion of health and control of diseases, especially communicable disease, is a common danger.
- Healthy development of the child is of basic importance; the ability to live harmoniously in a changing total environment is essential to such development.
- The extension to all peoples of the benefits of medical, psychological and related knowledge is essential to the fullest attainment of health.
- Informed opinion and active co-operation on the part of the public are of the utmost importance in the improvement of the health of

the people.
- Governments have a responsibility for the health of their peoples which can be fulfilled only by the provision of adequate health and social measures.

[6] 本来、このような外国人教員の雇用は大学システムの中で行われ、安定した長期的なポジションを提供できることが理想と考える。外部資金の雇用の場合、契約により研究内容が限られたり、教育活動には参与できなかったりと、本人にとって不利な条件となる場合が多い。この外部資金についていえば、かなり自由度が高く、本人が教育にも研究にも関与できたことは、予算執行の自由度の高さと相まって有意義な体験であったと思われる。

第3部
研究支援を通した
人材育成のデザイン

第3部では、基礎工学系、医学系、工学系の具体的な事例から、大学院留学生への研究指導による、国際社会に通ずる中長期的な人材育成について紹介し、批判的に関連の議論を行います。

　第10章では、新たな理念・概念（Philosophy）の創成が求められるEngineering Science系における博士人材育成として、思考の深化と討論の継続を徹底し、教員も留学生も共に学び育った「共育」を重視する研究指導を総括し、今後の指導のあり方を考察します。

　第11章では、日中韓の大学で連携した医学・公衆衛生学の人材を育成する「キャンパス・アジア・プログラム」により、日本語能力の獲得も重視した、柔軟で論理的な思考力を持つ問題解決型の医学研究グローバルリーダー育成の事例を分析し、今後を展望します。

　第12章では、建築工学の都市計画領域における国内・海外の研究の事例を批判的に捉え、日本語で構築されたオリジナルな概念をもとに、地域固有のまちづくりの創造を支援する人材育成について、国際貢献の観点から議論を行います。

　さらに、関連するコラムを1件配置しています。

第10章
Philosophy-Based Learning への挑戦
教員として経験した博士人材34名との共育の振り返り

馬越 大

基礎工学研究科の博士前期・後期課程では、日本語・英語、いずれの言語でも学位（理学と工学）を取得できる。Engineering Scienceという理念は世界的に見ても先進的であり、近年では、学際分野の最先端研究を学びたい多くの留学生が基礎工の門を叩いている。基礎工の創立理念も相俟って、博士人材育成においては、新たな理念・概念（Philosophy）の創成が重視されている。基礎工に所属する1教員の立場から、34名（日本人18名、留学生16名：2020年3月時点）の博士人材と共に学び、育った（共育）経験を振り返って、様々な特長を総括し、語学教育を含めた留学生博士研究指導の在り方についての考えを述べる。

1 はじめに

理工系学部で教員・研究者として、勤務する筆者にとって、「留学生を受け入れること」、「実験データを取得させること」が目的ではない。日本とは異なる文化・環境で育ってきた留学生の能力・個性をリスペクトし、腹を割って率直な対話・討論を通じて、異文化に根付く視点・視野・思考方法から、我々の研究を改めて眺め、「留学生独自の新たな文化・理念を創成してもらうこと（日本人学生も同

じ）」が大きな目的であると考えている。研究大学と言い換えても過言ではない大阪大学の「研究者」として、独創的・先進的な技術体系を確立しつつ、最先端研究分野の開拓に挑戦した上で、博士学生が到達するゴール（自らの理念の創成）を超えた、理念・方向性・ビジョンを指し示すべきであると考えている。日本人学生・外国人留学生共に、各々、強みもあり、弱みもあり、また、各人、個性的である。「教員」としては、学生たちの個性群を大きな潮流に誘うために、自主的・自発的に学ぶための、適切な環境を整えることが重要と考えている。その際に肝要なものは、異分野・異文化間のコミュニケーションであり、それにより初めて、それらを融合・止揚した新しい文化・理念が創発されると考えており、会話のための言語（英語、日本語ほか）に加えて、理系ならではの言語（実験結果ほか）でのコミュニケーションを活性化することに最大限注力している。

　本章では、Engineering Science系教育のケーススタディを提示し、日本人学生・留学生を対象に、著者が指導教員という立場で関わってきた経験の概要を紹介する。あくまで「筆者の経験」であるため、失敗談や懺悔録とも位置付けられ、また、主観的な記述も散見する点、ご容赦願いたい。

2 ｜ Engineering Science──共育[1] の幹（STEM）

　日本人学生、留学生を問わず、博士人材の共育においては大きな幹が必須不可欠である。筆者が所属する基礎工学部（英語名称Engineering Science）は、理学部（Science）や工学部（Engineering）、あるいは、理工学部（Science and Engineering）とは趣が異なる。学部創設時から現在に至るまで、構成員により教育・研究を実施する理念が継続的に

議論され、また、重要視されている雰囲気が醸成されている。本節では、Engineering Scienceに関連する諸動向について述べる。

「基礎工学」と名前を持つ学部・研究科は、国内の国公立大学でも唯一である。英語名称「Engineering Science」の方が、一般的な理解が容易であると思われる。1961年に創立した当時、理学・科学（Science）系の教育研究と工学（Engineering）系の教育研究は、各々の方法論、各々の戦略が採られており、それぞれの学問体系を学んだ多種・多様な人材が社会に送り出されていた。しかし、大型の国家プロジェクト（例えば、アポロ計画など）において、多種多様な知識体系を俯瞰する立場から、プロジェクトを推進する能力が必須不可欠であり、両方の視野・知識・知恵を持つ人材育成の必要性・重要性が認識され始めた。

当時、日本でも高度成長期にあたり、前述のEngineering Science視点を持つ人材育成に関するニーズが高まり、特に、関西産業界の後押しを受けて、大阪大学総長（第6代）であり、数学者であった正田建次郎先生により、基礎工学部が創立された。「科学と技術の融合による科学技術の根本的な開発それにより人類の真の文化を創造する学部」という創立理念のもと、半世紀以上、先端的な教育・研究を経験した人材が社会で活躍している。近年、米国を中心に、STEM教育の重要性が着目されているが、学生の専門性（例：文系、理系）に拘らず、基礎的素養として、Science（科学）、技術（Technology）、工学（Engineering）、数学（Mathematics）が必須不可欠であるといわれている。Global社会の中でも、科学と工学、両方の知識・知恵を兼ね備えた人材育成を継続しつつ、新たな学問体系を開拓・創出できる人材育成にシフトしつつある。

創立以来、海外からの留学生を積極的に受け入れてきたが、特に、21世紀に入り、大学院改組により、基礎工学

研究科に英語プログラム（修士・博士）が設置された。英語の講義を受講することにより前掲学位を取得することが可能になり、国費特別プログラムや各国政府奨学金の側方支援もあり留学生の数は増加した。日本人学生、日本語を話せる留学生、英語と母国語しか話せない留学生が混在する形となり、プログラム設置当初は諸問題も議論されたが、現在は各種の取り組みにより日本人学生・留学生が積極的に交流し、相乗的にお互いを刺激し高め合う、新たなフェーズに移行している。留学生の出身国も当初は東南アジア・東アジアからの受け入れが多く、近年では中央アジア・南米・北米・欧州などの留学生も少しずつ増えている状況である（例えば、2019年～2020年では、南米・北米・欧州は、全留学生の10～20%）。前掲の通り半世紀以上前に、主として米国で提起された、「Engineering Science」へのニーズからスタートし、その理念が大阪大学で涵養・深化された。近年は新たな視点（STEM教育など）の重要性が喚起されると同時に、現在、最先端融合研究の開拓やそれを学ぶ留学生により、再びグローバル社会に再循環を果たそうとしている段階である。

　著者自身も最先端研究を通じてEngineering Scienceの理念を学び、その後、運良く指導教員という立場から同様の研究教育活動に従事している。重要なのは「学生自身の気付き（やる気スイッチON）」であると感じており、必然的に学生自身の自主性・自発性を喚起させる「Student-Centered Approach」を取らざるを得ない。学生の視点と教員の視点、いずれも大事にした上で、共に育む（共育）スタイルを取っている。共育プロセスで大事なのが、大きな軸・方向性・ビジョンを指し示すことである。経験上、最初の段階で理念（Philosophy）を徹底的に議論することで、初めてそれが可能になると考えられる。

3 | P$_x$-Based Learning——共育の一戦略

　Global博士人材の育成のためには、学生の基礎学力・能力に加えて、研究の実践を通じた個々人の自律的成長が必須不可欠である。指導教員の専門分野・個性に応じて、様々なスタンスが存在するが、学部の成り立ちから考えて、理念を意識した共育が最も重要であると考えられる。実践型の教育方法論として発展してきた、いわゆるPBL教育（Problem-Based Learning教育）は、筆者自身も修正・再定義を繰り返しながら、基本的な教育方法論として意識している。これまでの経験に基づいて、「共育」の視点から、また、Global博士人材育成のために適切であろうと思われるPBL教育に関する私見を述べる。

3.1　PBL教育の実践例

　従来から、PBLは問題解決型の学習方法であることは広く知られている。多くの教員が経験するであるが、系統的な講義においては、大多数の学習者は受動的になることが多く、いかに学習者を「学問の海」に引き込むか、創意工夫をこらしているであろうと想像できる。学習者の理解レベルを深いものにするためには、理系科目では演習・実験などがある。PBLは、より実践的な学びを企図したものである。解答（Output）のない課題を設定し、(a) 仮説、(b) 調査、(c) 証明、(d) 討論、(e) 発表のサイクルを繰り返すが、悪戦苦闘した経験により深い学びにつながると考えられている。実際、筆者らも、低学年学生（学部2年生：大部分は日本人学生、日本語能力のある留学生が数名）を対象とした、PBL教育を実施してきた（基礎工学PBL（化学工学））。一般的なPBL教育では、指導教員サイドで課題を設定し、学習者が (a) ～ (e) の過程を繰り返す方法論が取られているが、学習者自身が自主的に課題設定させることに注

191

第10章　Philosophy-Based Learningへの挑戦

力した方法論を採用した講義を実施してきた（久保井ら 2006a, 久保井ら 2006b）。「What are you ?」と問いかけ、学生自身が内在的に持つ志・夢を顕在化させた上で、（一般的には）大人しい学生に意見を述べさせる環境を醸成し（Post-It表示法など）、討論・発表スキル（和而不同討論、意見集約型リーダーシップ論など）を講義して実践させた上で、学生自身に内在する課題を顕在化させることに最大限注力した試みであった（島田 2005）。約10年間実施されたが、当該期間に本PBL教育を受講した学生は、博士課程への進学を選択するものも多く、また、博士取得後もアカデミアに進路を取った学生が多い。現場の感覚としては、学問的に価値の高い理念（Philosophy）の創出には至らないものであったが、高等教育の学びの入り口に立つ低学年学生が、自省・対話を通じて、各々の学生の中に内在する夢・志を顕在化させる方法論として有効であったと考えている。

　上記の方法論は、その後、国際交流にも展開されている。いわゆる研究活動は、高度なPBL教育にあると思われる。遡って、1990年代から、2006年にかけて、基礎工学研究科化学工学領域では、自主的な学生組織（化学工学学生会）による、English Colloquiumが開催されてきた（不定期、第10回まで継続）。米国のサウスカロライナ大学の短期派遣学生（4～6名/年、3か月滞在）の成果発表を兼ねているが、日本人学生（大学院生）が自主的に英語Colloquium（研究発表会）を企画・運営し、自身の研究を発表・討論する。日本人学生にとっては、自ら企画・運営することで、また、能動的に発表・討論に参画することで、深い思考能力・広い視野を持つ学生が増えた印象を持っている。一連の活動そのものが一種のPBL教育に相当すると思われる。討論重視型の試みも実施されている。2006年には、基礎工学研究科主催の日越学生セミナー（ベ

トナム国家大ハノイ校（VNU-Hanoi）ベトナム科学技術アカデミー（VAST）、2006年11月、ハノイ）でも、日本人学生–ベトナム人学生混成の小グループ討論・提案型セミナー（全体で約30名）を実施した。大きなテーマは設定し（What's Your Role as an Engineering Scientist toward Sustainable Development）、日越混成グループごとに課題提案をさせ、発表させた。宿泊型に近い交流セミナーであったため、両国学生が夜遅くまで侃侃諤諤と議論する姿が目立った。期間が限られていたこともあり、最終発表における提案は練られていないものが散見されたが、異文化交流ならではの提案（日越双方の立場からの考察）も見受けられた。参加者のフォローアップは実施していないが、両国文化や両大学科学技術の相互理解の促進、参加学生同士の交流促進はじめ、多数のOutcomesにつながっていると思われる。

3.2　教育実践に基づいたPBL教育に関する考察

　前述の教育実践の実例に基づいて、あくまで私見であるが、PBL教育について考察する（図1）。Global博士人材育成に視野を向けた場合、これまでの実験経験から筆者自身が重要と思われる項目を下記に記載した。

（1）科学技術に関する基礎知識・素養は必須不可欠（「深度」と記載）
（2）マルチスケールな視点・思考が重要（「高度」と記載）
（3）Comfort Zoneを脱しようとする視点・思考が重要（「拡度」と記載）
（4）異分野／異文化交流のためのコミュニケーション能力が必須不可欠

　上記の（1）は、必須不可欠である。学生自身が大きく飛躍・成長するための推進力となる役割があり、大学・大

学院における、いわゆる講義履修を通じて習得した体系的知識の理解が深ければ深いほど、（2）（3）を高度化させることができる。問題解決型の教育は、低学年であればあるほど、学生自身の生涯キャリアにおいて、中長期的な効果は高いと思われるが、（1）が制約条件となり得るため、その能力に応じた方法論をデザインすべきと考えられる。両者のバランスを考慮して、（1）については、学生に「勉強のための勉強、単位のための勉強をしないように」と指導している。

　（2）の視点・思考の高度も重要である（次項図1の左矢印）。基礎性、専門性を追求する視点に加えて、一度、物事を俯瞰視して、全体像の中の位置付けを再確認できる視野を持てば、学生自身の自主的・能動的な行動につながり、基礎能力の深化とともに、大きなVision創成につながるようである。ちなみに、（2）については、学生に、「自分のつむじを見るように（幽体離脱しようか?）」と指導している。

　（3）はGlobal力である。語学力だけの問題ではなく、日本人・外国人の区別でもない。学生自身のComfort Zoneを脱しようとする意志・人間力と言い換えても良い。自説を持ち、自説を曲げないことは、非常に尊重すべき行いの一つであると考えられるが、井の中の蛙になる危険性もあるため、他者との対話・討論が必須である。それにより顕在化されるのは、学生各人の利点（長所）・欠点（短所）であり、また、盲点（自らは決して気付けない）である。それらを客観視することにより、両者の考えを止揚して新しいPhaseに進化できると考えている。具体的には、異文化、異分野、異○○、……まず徹底的に対話し、両者のコンセンサスが得られる「和」する部分を見出し、それを土台として信頼関係を固めた上で、改めて「異なる」主張を戦わせると新しいPhaseに帰結しやすいと実感して

いる。(3)については、学生に「ノリ（和）、ツッコミ（異）して、笑いを取る（新Phaseへ進化する）ように」と指導している。

　(4)は、Global人材に必須不可欠であるが、最後の項目とした（後に触れるが、決して、語学力を軽視しているわけではない）。特に、理系分野で重要と思われるのは、伝えたい情報（先端研究、先端技術など）、伝えたい意見（自説、他説に対する建設的コメントなど）があるかどうかである。英語、日本語、外国語、Body Language、Heart-to-Heart、……果ては、通訳者を介して交流し、その上で、止揚されたステージこそが重要と思われる。ただし、概して学生の意見は不明確・不明瞭・冗長であることが多い。Post-It法（自分の意見を要約記述させる）・親和図法／系統図法（Post-It意見を整理する）などのスキルを用いて（久保井ら2006a）、自説（伝えたいこと）を顕在化させることが最も重要であると考えている。(4)については、学生に「他流試合に出かけなさい（学会など）」、「OJT（On the Job Training）のために海外留学を経験しなさい（日本人学生）」、「OJTで（少しでもいいので）日本語を覚えなさい（留学生）」などと指導している。

3.3　P$_x$BL教育に関する私見

　前項に基づいて、PBL教育を改めて俯瞰視したものが図1である。各々の学問体系に根付く、従来型の教育方法は、最も重要であり、「深度」が深ければ深いほど良い。PBL教育法の起源は、北米地域の医学教育であるといわれている。特定の症状を示す患者に対して、様々な検査、議論、診断（仮説）、対症療法を繰り返すことにより、インターン生の医者としての能力が磨かれる。工学系学生についても、同様に、実現場（我々の場合、化学プラント、バイオプロセス）の問題提起をした上で、同様の過程を経て、Professional Engineersが養成される。これらの試みは、医

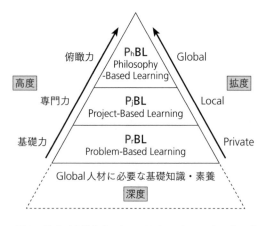

図1　Global人材育成のためのP_x-Based Learning (P_xBL)

者として、あるいは、Engineerとしての、個々の基礎能
力を洗練するために必要と思われ、問題解決型学習（Prob-
lem-Based Leaning: P$_r$BL）と分類される。一方で、自分から
他者を眺め、おおよその方向性を眺めた上で、俯瞰的・専
門的視点から、徹底的に調査し、自らの課題設定をする行
いは、理系分野では、Research Proposalと呼び、研究者
として最も尊重すべき能力であると考えている。これは、
課題創出型学習（Project-Based Learning：P$_j$BL）と分類でき
る。

　さらに、Globalに活躍できる博士人材の育成を志向し
た場合、「理念（Philosophy）」が最も重要であると常に指
導している。筆者は、複数のProject、複数のResearch
Proposalを、さらに俯瞰視して体系化し、その軸になる
ものが理念に等しいと考え、そこに最大限注力した博士人
材の共育を心掛けている。例えば、学位論文のGeneral
Introductionが最も重要であるため、必然的に、学位論
文の最終段階では、1年～数か月間、密な対話により、理
念構築–破壊を繰り返すことになる（「波打ち際で砂山を創る
作業」と呼称）。学位申請ルールが存在するが（分野によって

異なるが、例えば、原著論文〇〇報）、条件が揃っていても理念がなければ学位審査に付すことはできないため、最も学生と取っ組み合いの交流をする部分である。その際、学位の理念を超えた理念（例えば、学生が所属するEngineering Scienceの理念）を継続的に提案・提示することで、方向性・スタンスを同じくしつつも個性豊かな博士人材に成長できる。これは理念創出型学習（Philosophy-Based Learning：PhBL）と分類できる。

　個人的に提案したPxBLの分類、いずれが優れているということはなく、それぞれ、長所・短所があると考えており、それらの成り立ちを意識することが重要と思われる。人材育成のゴールに応じて、適宜、適切な指導方針を取るべきと思われる。

4 ｜ 博士人材「共育」の実践例

　Engineering Scienceの理念に沿って、学生自身が理念を創出して成長するPhBL型共育が、Global博士人材の輩出に最も適していると思われる。言葉や立場は違えど、おおよそ理系型教員からは共感が得られるスタンスかと考えられるが、あくまで「一教員」としての個人的意見として以下に示す。幸運にも、筆者は、多くの博士学位候補生と出会い、現在までに多くの博士人材の共育に携わることができた。本節では、共育実践した諸ケースを、一教員の立場から見つめ直したいと考えている。

4.1　34名のChemical Engineering Scientists（実例）

　個人的に、化学に根差す基礎工学をChemical Engineering Scienceとしており、特に、博士学位取得者は前掲の通り呼称している。著者は、1997年に学位取得後、Lund大学理学部における約1年間のPost-Doctorを経て、

縁あって1998年より基礎工学研究科で教育研究に携わる機会を得た。1998年からは助手として研究指導を、2000年からは講師・准教授として博士学位論文の副査を、2012年からは教授として主査を担当する機会を得た。約20年間で担当した合計34名の学位取得者の出身国を図2にまとめて示した。約半数が日本人学生であり、うち約3割が、学外出身者である。その他は海外からの留学生である。留学生の出身国も多様であり、中東／アフリカ2名、米州2名、ベトナム、インドネシア、マレーシア、タイなどASEAN諸国から8名、中国、韓国から5名である。当方の所属する基礎工学研究科化学工学領域では、4年生から研究室に配属され、約7〜8割が修士課程に進学し、修士学生の1〜2割（学士比で1割弱）が博士課程に進学する。一般的に、学生の立場からすると心理的・経済的な障壁に起因して、博士進学率は高くないと聞いている。著者が所属している研究室では、修士の約1〜2割が博士進学し、学外・国外からの博士進学者と併せて、対修士の博士人数は約3割となっており、個別の研究室の視点に立てば、博士充足率は超えている環境にあると考えている。

　図3には、諸指標の経時変化を示した。図上部に記載した期間（i）〜（iv）は著者の職位期間に合致するものではなく、研究室の状況に基づく主観的な期間区切りである。期間（i）は、（著者にとっての）「試行期」にあたる。全学生中の約3割が博士学生であり、全博士学生に対しても約2割〜6割が留学生の比率であった。（i）期の留学生は、ほぼ全員が、日本語会話が可能な学生であったため、研究討論はほぼ日本語で実施する環境にあった。ただ、日本語会話能力の高い学生と低い学生とを比較すると、最終到達点（学位論文の理念）に若干の相違点が見られた。前者の場合は、日本人学生と同じレベル、また、出身国の教育環境・文化に根付いた視点からの理念創成につながってい

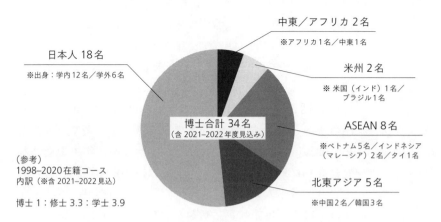

図2　筆者が指導教員を担当した博士人材の内訳（含 主査（約4割）・副査（約5割）・指導（約1割））

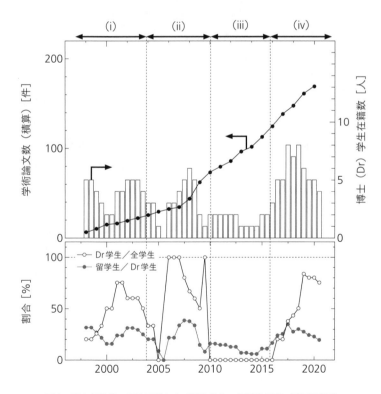

図3　博士学生数、研究活性および博士学生・留学生比率の時系列変化

たが、後者の場合は、若干の未達があったような印象を持っている。試行期（i）では、（4）の語学力だけではなく、前節で記述した（2）高度、（3）拡度の側面の重要性を実感した。

（ii）期は「転換期」に相当する。基礎工学研究科に英語コース（修士、博士）が設置されたタイミングであったため、組織的な戦略もあり英語しか話せない留学生を受け入れた時期にあたる。同時に、前任教授が定年退職の時期にあたり、日本人の博士学生も少なく、その結果、留学生はほぼ100％が英語しか話せなかった。この時期、原著論文の数も増加傾向にあることからも、業績は問題ないレベルであった。ただ、（i）期と比較して、理念創出の到達度が若干低下した印象を受けた。これはどちらかというと、教員・（英語を母国語としない）留学生のコミュニケーションの問題（前節（4））に起因しており、英語での討論はするものの、理念教育に必要な抽象的な概念の細かなニュアンスの伝達に習熟していないことが原因と考えている。（ii）期では、語学力の改善、あるいは、それに代わる新たな方法論を確立する必要性を実感した時期でもあった。

（iii）期は「挑戦期」に相当する。准教授・教授としてPrinciple Investigatorを任された後の、研究室の立ち上げの時期にあたり、モチベーションの高い博士候補生と真正面から取っ組み合った時期にあたる。全員が日本人学生であり、コミュニケーションに問題はなかったため、試行錯誤を繰り返しながら、特に、前節（1）–（3）の側面に着目した共育指導方法の確立を目指した。大型研究資金の援助もあり、博士候補生と共に研究領域の開拓に最も注力した時期にあたる。（4）に相当する能力改善のために、研究室を疑似的に海外研究室と同じ環境に近づける努力を行った。海外の第一線で活躍する研究者（ETH Zurich、UC Davis、ソウル大学校、Univ. College London、MIT、SUNY at

Buffaloほか）を招へいし（あるいは日本での滞在時期に合わせて）、講演会を学生主体で企画運営させる環境、また、討論型セミナー・研究討論をせざるを得ない環境を設定して、ある一定の効果が得られた。

　（iv）期は「展開期」に相当する。研究室としての軸・理念（Bio-Inspired化学工学）が強固になったことも幸いして（馬越 2012, 馬越 2014）、日本人学生・留学生共に博士進学者が増加した（JSPS Fellow、MEXT奨学金などを活用）。両者のバランスが最も良い時期にあたり、また、（i）期－（iii）期の振り返り（反省）に基づいて、Global博士人材を育成するために適切な方法論を整理することができた。特に、様々な制度を活用して、短期（1か月）～長期（1年間）の海外留学することを推奨した。その結果、博士学生を研究共育活動の起点にして、研究室に所属する学生（修士、学士）のGlobal志向が大幅に改善された。さらには、同時期に所属する「英語しか話せない留学生」との、研究や日常生活に関するコミュニケーションが活性化したため、留学生自身の日本語会話に対する学習意欲も改善した。同時期に在籍した日本人学生・留学生の個性・性格にも依存するが、筆者の視点からは、最も、バランスよい環境にあると考えているが、今後もBestに近づける努力は継続したいと考えている。

4.2　Global博士人材育成を目指したPʰBL共育の実際

　理念創出型共育（Philosophy-Based Learning：PʰBL）の実を挙げるために著者が試行している具体例を紹介する。以下に列挙する。理系研究室で実施されている一般的方法論も含まれる点はご容赦願いたい。

（A）研究提案（Research Proposal）［課題創出力／俯瞰力］
対象とする研究領域を設定した上で、関連する研究成果

（原著論文）を徹底的に「調査」し「データベース化」する。様々な角度から当該領域の全般的傾向を「分析」した上で、自分自身で定義した指標に沿って「分類」する。数百〜数千報の学術論文の中から、学術的に意義の高い重要なカギ論文（数報）を見極めた上で、測定手法、研究成果に関する情報を「獲得」するとともに、自身が進めようとする研究方向性の「独創性」を明らかにする。

（B）概念図作成（Concept Mapping）［理念創出力／俯瞰力］
　他の研究グループが得られている知見を含めつつ、学生自身の研究概念、ビジョンを概念化する。特に、独創性が明確になるように、また、主張ポイントが明確になるように最大限注力するように指導している。3分間見せて、他者が理解できるかどうかを自主的な判断基準に設定している。図4（a）には、一例として、Bio-Inspired化学工学

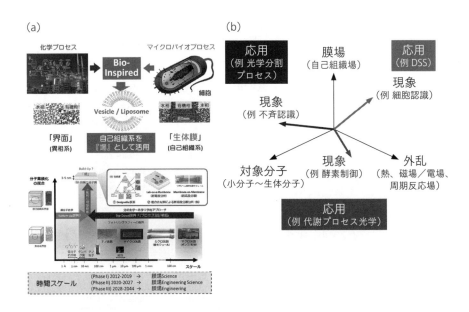

図4　概念図の例　（a）Bio-Inspired化学工学の理念、（b）学生のテーマ自主設定における指針

（当研究Grの名称）の考え方の概念図を示した（馬越 2012）。

（C）1P論旨発表（≒雑誌会）［課題深化力］

　カギとなる原著論文を選択し、1ページにまとめる。全翻訳ではなく、枝葉の情報をそぎ落としつつ、全体を貫く論旨を明確にした上で、著者らの主張点・理念を詳らかにし、かつ、シャープに切り込むことに最大限努力する目標を設けている。その後、研究室教員・学生の前で「要約・ポイント」を発表・質疑討論する（週に1回（1学生）の頻度）。図5では、左向き矢印のフローで示されており、最先端の研究成果の最も重要なポイントを見極め、さらには、自身の研究成果と対比させることで、自身の理解を深化させることを企図している。

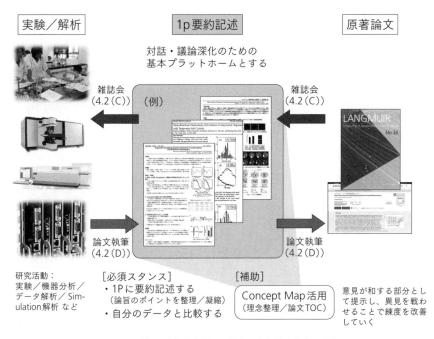

図5　1P論旨要約作業を通じた学生の自主的研究力の強化

(D) 1P論旨作成（≒論文作成）[専門能力／俯瞰力]

上記（C）の逆方向の作業である（図5では右向き矢印のフロー）。理工系学生の研究活動は科学的実験による検証作業に依ることが多い。（A）（B）で構築した仮説を検証するために、実験、各種の機器分析、理論に基づくデータ解析、計算科学手法による解析・対照など、多種多様な方法論がある。毎週1回の行事にしている（C）雑誌会で、論旨を整理する視点は養成されているため、また、（A）（B）の整理はすでに終了しているため、実験結果を俯瞰視して要約することに対しては、障壁は少ない。また、要約されているため、スタッフや学生との対話・討論がしやすいテンプレートとなっている（実験ノートや、詳細なデータは、対話・討論の必要性に応じて、提示してもらう）。最終的に、原著論文作成の可否は、このテンプレートに基づいて判断される。

(E) ディスカッション[課題解決能力／人間力]

以上の（A）〜（D）を含めた内容について、筆者と学生との1対1の取っ組み合いディスカッションを経て、状況確認・方針修正をしている（おおよそ、各学生辺り、2週間に1回の頻度）。博士学生は、講義受講はなく研究に専念する環境にあり、時々刻々と状況は変化するため、それに加えて、必要なタイミングでディスカッションを実施している。対話・討論内容は（A）（B）（D）が中心であり、学生の自主性に任せている。指導サイドは、必ず白紙を用意し、そこに概念図、再解析法、その他情報など、その場で自由に書き込んで整理し、学生の理解を助けるように配慮する。徹底して「見える化」に関わっている。話す内容は、主として研究内容であるが、一部は、日常生活や文化、戦略、理念まで至る。スタッフ（理系ラボでは、教授、准教授、助教（場合によって特任助教、招へい教員））、各々が、個

別にディスカッションし、定期的にポイントのみを情報・意見交換している。自律できる研究者としての総合能力を涵養するのは、ディスカッションに依るところが多い。1：1で実施するため、日本人学生・留学生、いずれの場合でも、討論内容は深い。また、必要な情報（背景、理念、概念、独創性、論旨など）を上述のように定式化・テンプレート化しているため、効率的に討論の核心に到達しやすい。

　（A）〜（E）を一体的・総合的に組み合わせて、学生自らが実践できるように環境を整えることが、博士人材育成には最も重要であると実感している。

（F）全体報告会［結果提示能力］
　一般的な理系研究室で実施されている、いわゆる報告会である。1〜2日かけて、全ての学生が発表・質疑討論する場である（年2回程度）。学生は、各々、自律的にテーマを設定しているため、お互いの情報・状況を共有して、自身の方向性の修正やミニコラボレーションのきっかけとしている。日本語・英語、混在する形で実施しているため、日本人学生・留学生共に、相互の文化を学ぶ機会ともなっている。一般的な研究室と異なっている点は、教員が「黒子」に徹している点であり、その結果、日本語・英語が入り混じった、適度に活発な学生同士の討論が実施されているようである。教員は、最後に一言コメントする（約1〜2分）ようにしている。見本になれるようにシャープなコメントをするよう努力しており、教員としても気が休まらない行事である。

（G）海外留学推奨［Global力］
　Global博士人材を志向する日本人学生にとって、留学経験は必要不可欠である。1〜3か月の海外研究機関への留学を特に推奨している。教員サイドで、全て準備するケ

ースもあったが、自身でデザイン・アレンジすることにも
学びがあるため、原則、教員は頭出し（紹介）のみに徹す
るよう努力している（全て自分でデザイン・アレンジして1年間
留学した強者もいた）。その機会に恵まれない学生にも、
Native の多い国際会議（海外開催）への複数回参加を促し
ている（米国化学工学会AIChEを標準学会としている）。留学生
に対しては、逆に、国内学会での研究発表を勧めている。
原則、英語での発表も許されているが、口頭発表やポスタ
ー発表での質疑討論に可能な限り日本語の会話も取り入れ
ること、また、その会話の数を増やすことを指導してい
る。長期間（例えば、修士と博士5年間）所属している学生の
中には、次第に研究に対する考え方、取り組み方が変遷し
ている印象である。企図した「異分野交流・異文化交流」
の効果は得られていると思われる。

4.3　PₕBL教育の目指すべきところ

　4節の最後に、筆者らが目指すべき、PₕBL教育につい
て述べる。

　原則的に、学生が、自分自身で考え、研究活動を実施し
（調査、仮説検証、実験、解析、議論など）、その上で、従来か
らの研究分野ならびに自身の足跡（研究成果）を俯瞰視し、
学生独自の研究領域・学問分野を創成すること、それを貫
く理念（Philosophy）を明確に示すことが最重要と考えて
いる。「勉強のための勉強」、「研究のための研究」、「論
文・特許のための実験」、場合によっては、これらの行い
が必要であることは否めないが、それを超えて、「自らの
夢・志のためになすべきこと」を意識できるように最大限
注力している。ポイントは「自分で考えさせる」点にあ
る。研究室配属時に、3節で述べた方法論を用いて自己把
握をした上で学生の夢・志を顕在化し、そこをスタート地
点としている。図4（a）の研究室理念を説明の上、図4

（b）に示す通り、研究実施する上で考えるべき基本要素
（この場合、膜場、対象分子、外乱）を示して、教員・学生、
いずれも納得する方向性を議論する作業を行っている（学
生によっては、教員サイドが示すテーマを要求する場合もある。逆
に、本人が知らないうちに、教員サイドが考えるテーマに変換・上
書きされてしまっている（学生は自主設定テーマと感じている）場
合もある）。学生自身から発出した動機は、中長期的に見れ
ば研究を自発的に実施するための推進力となっている。

　図6には、図1で示した「高度」と「拡度」を軸にした
マップを示している。「基礎力」は、学部・大学院での講
義・演習・実験で磨き、「専門力」は、ディスカッション
で徹底的に練度をあげる。それらの中でも、「俯瞰力」を
磨くためのメッセージを投げかけることが重要と個人的に
考えている。大阪大学が発信してきた理念・概念（「地域に
生き、世界に伸びる」（14代総長 岸本忠三教授）、「夢見て行い、考
えて祈る」（11代総長 山村雄一教授）など）、Engineering Sci-

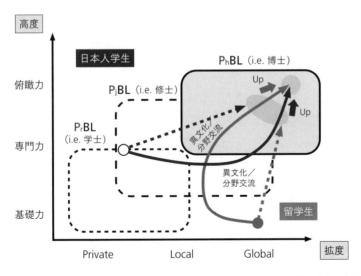

図6　高度－拡度マッピング：異分野・異文化交流を経たPₕBL人材の最終到達点の変化

enceの理念、化学工学の理念、Bio-Inspired化学工学の理念、など、講義やディスカッションにおける本筋の話を脱線してでも熱意を持って伝えれば、それが学生の羅針盤になり大きく飛躍するためのモチベーションにつながると考えている（実感している）。大事なのは、学生自身に全てを任せないことである。若さゆえの考えの浅薄さもあるため、常に黒子のような形で寄添った上で、適切なタイミングで重要な考え方を示す「共育」も重要である（経験上、ダジャレに混ぜて囁くと効果的な場合もある）。

「拡度」も大事な要素である。ただ、理系の研究教育は「研究結果」という共通する言語がメリットである。方言的であるとも言える、異分野・異文化による様々な言語で話したとしても、「理念」を常に示すこと、さらには、各々の主張を「見える化」することで、各々の個性を活かし（Diversityを維持し）ながら成長できると思われる。さらには、34人の博士人材共育に携わった経験（図2、図3）から、日本人学生は海外留学・国際会議など、留学生は国内会議（そのための日本語習得）を経ることで、従来型の博士人材と比較して、高度・拡度の側面が強化されており、一味違った博士人材に育っていると実感している。次世代リーダーとして大いに期待される。なお、具体的な、個人情報の記載は、差し控えたい。

以上のような教育方法を、個人的に「理念創出型共育(Philosophy-Based Learning：PhBL)」と呼称しており、目指すべき方向と考えている。

5 Engineering Scienceにおける国際交流

学部・研究科全体の視野から、Engineering Scienceを基盤とする国際交流の現状について紹介する。

5.1 基礎工学研究科における国際交流の現状

　2節で述べた通り、設立当初から、Engineering Science
の理念はGlobal社会の中で発出・涵養されてきた考え方
であり、部局としても国際化は重要視されている。筆者自
身は、英語能力はイマイチではあるが、自分自身の留学経
験（自らコンタクトを取って1年留学アレンジ、国際共著論文など）
や留学生との共同研究経験があり、研究室レベルでの国際
交流に取り組んでいた。当時は、国際交流（国際共同研究）
を実施している教員に強く依存していた時期と考えられ
る。2005年頃から、組織的な国際化を進めるための一員
として補助的な役割を務め、ここ数年は、組織的な国際交
流推進活動の実働部隊として参画する機会を得ている。

　部局レベルでは、国際交流推進室員（Engineering Science
コンソーシアム、学生海外派遣／学生受け入れほか）、部局内国際
交流委員会委員、留学生相談室長など、全学レベルでは、
FrontierLab@OU、FrontierSummer、OU-UC（米）学術
交流推進室、ASEAN Campus WG（OUICP）など、留学生
の短期受け入れに関わる業務に参画している。基礎工学
部・基礎工学研究科としては、いずれの活動も密接に連
結・連携させることにより、優秀な留学生の獲得のために
活動を継続している。図7には、部局間協定のある大学の
概要を示しており、欧米亜に協定校・拠点校が分散してい
る。特徴的なネットワークとしては、基礎工学（Engineer-
ing Science）国際コンソーシアムである。基礎工学研究科
が中核となり、Engineering Scienceの組織が設置されて
いる協定校（UC Berkley、Univ. College London、KTH、U.
Toronto、N.U. Singapore、U. Queenslandほか）との間で学術
交流・学生交換を継続的に実施している。

　最近は、ASEAN諸国との連携を強化し、全学ASEAN
Campusのプラットホームを活用しつつ、当該地域の大
学（ベトナム国家大、マラヤ大、マヒドン大、バンドン工科大など）

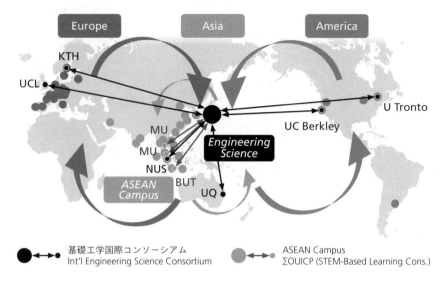

図7　Engineering Science を基盤とする Recurrent 型 Global ネットワーク（協定校マッピング）

との学術交流を促進するとともに、全学OUICP（STEM-Based Learning）を通じて、留学生の受け入れ促進を試みている。図8（a）には、典型的な留学生受け入れスキームを示した。大学院に設置されている英語コース（修士・博士プログラム、3専攻11領域）における留学生の獲得を想定している。私費学生ならびに国費留学生（大学推薦、大使館推薦、特別プログラム）が、留学生の大多数を占めているが、中長期的な視点から、教員・留学生双方にとってお試し期間にもなる短期プログラムを経た留学生数の増加を期待しており、少しずつ、当該キャリアを通じて入学する留学生も増える傾向にある。また、直近では、Double Degree Program を設置し、当部局で学ぶ機会を提供する（現在、12件のDDPが設置されている）。

5.2　基礎工学研究科における留学生受け入れ動向

　最近の留学生の受け入れ動向として、図8（b）に、直

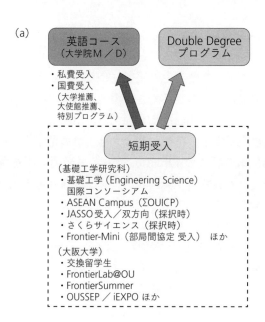

(a)

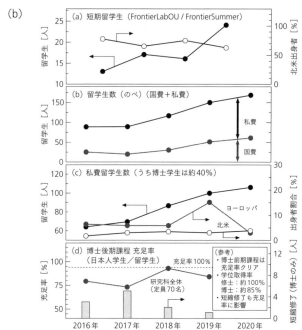

図8　基礎工学研究科の学生受け入れ動向　（a）Inboundスキーム、（b）直近の統計データ

近5年間の統計データをまとめて示した。アジア諸国からの留学生受け入れを基盤としながらも、文化の異なる欧米の大学で学んだ留学生の獲得により、日本人学生・アジア系留学生と、切磋琢磨できる環境が醸成できるものと期待している。FrontierLab/Frontier Summer[2] などを活用して短期留学生、特に、北米大学出身の留学生が増加する傾向にある。この4年間で約50名の米国学生を留学生として受け入れており、当該プログラム履修者の大学院進学の実績もある（UC San Diego の学生が、2019年博士前期課程に入学、2021年度博士後期課程に進学希望。UC Santa Barbara 学生が、2021年度博士前期課程に入学ほか）。学位取得プログラムに入学した学生も増加傾向にあり、特に、国費留学生の増加が呼び水になり、私費留学生の増加につながっているようにも見える。私費留学生もアジア系大学出身者が多いが、欧米大学出身の学生の入学数も、（数えるほどであるが）少しずつ増加傾向にある。関連性を詳細には検討していないが、大学院の博士後期課程の定員に対する充足率は、留学生増と連動して約9割に達しており、研究科全体の研究活性に何らかの好循環を与えているのではないかとも考えられる。基礎工学研究科におけるここ5年間の外国人留学生の博士後期課程修了者73名の進路をみると、大学等の国内研究機関の研究者が21名（35%）、海外大学の研究者が15名（25%）、国内企業就職者が8名（13%）、海外企業就職者が4名（7%）、その他ポスドク等が12名（20%）となっており、修了者の多くは国内外の大学や研究機関、および企業で、Engineering Scientist として活躍している状況である。

　留学生サポートも部局として整備されている。留学生相談室では、大学院生のチューターの他に、留学生サポート業務に専従的に取り組む非常勤職員により多岐にわたる相談内容にもきめ細かいサポートを行っている。また、「運

営」も共育の場として、学生の「自主性」を重んじるスタンスを維持している。基礎工学部・研究科学生による「Σ留学生会」が中心となり、Japanese Hour（留学生の日本語能力向上のための勉強会）、あるいは、English Coffee（留学生が日本人学生・アジア系学生の英語能力向上のための勉強会）が実施されている。2020年度、COVID-19の影響により、在留留学生・未入国留学生の精神的サポートの必然性が顕在化したが、期せずして新たなサポート形態の創出につながった。留学生 – 日本人学生が交流することを企図して、オンライン上の会議システムであるSlack-Zoomを高度活用した遠隔型のサポート・交流システムが構築されている（(i) 相談室Slack（チャンネル：情報共有、Tutor、Coffeeなど）、(ii) Japanese Net Hour、(iii) English Net Hour、(iv) 遠隔チューターシステム、(v) 遠隔相談窓口、(vi) ネットWelcome Party（Web-cam Welcome Party（ダジャレ））、(vii) 相談室長窓口（残念ながら実働ゼロ）など）。教職員で立ち上げのみ対応し、後は、Σ留学生会のメンバーにより自主的かつ適切に運営されている。将来的には、従来型の「on-siteサポート」に加えて、（交流のカタチが情報として蓄積されていく）「on-lineサポート」も充実させれば、帰国前留学生・在学留学生・帰国後留学生・日本人学生・大学教職員が、情報・相互交流する情報プラットホームとして活用することが可能となり、Engineering Scientistネットワークが拡充するものと期待される。個人的には、Slackに「Engineering Scienceを語るチャンネル」を構築しようかと企んでいる。

5.3　新時代におけるEngineering Scienceに関する私見

　最後に、Global博士人材共育に向けた、新たな方向性・理念に関する私見を紹介したい。あくまで、筆者の個人的な見解である点を申し添えさせて頂きたい。
　COVID-19問題以前から、Global社会では、多岐にわ

たる問題（人口増加、エネルギー・資源・食料不足、異常気象の頻発など）が顕在化していた。このような問題の解決に向けて、2015年に国連サミットで「持続可能な開発目標（SDGs）」が採択されて以来、2016年より日本政府主導のもと、具体的な各種政策が提唱・実施されてきた。その中で、2017年に経団連は、「Society 5.0」のコンセプトのもと、SDGsに貢献する企業行動憲章を提案し、既存の「工業社会」と「情報社会」を基盤として、情報革新・技術革新を最大限活用して発展させようとする「超スマート社会（Society 5.0）」の実現に向けて取り組んでいく方針を示している（Society 5.0 for SDGs）。

　基礎工学研究には、「物質」、「機能」、「システム」に着目した3つの専攻があり、筆者は「物質創成専攻」に所属している。物質という視点から考えると、超スマート社会では、「もの」に、新たな価値（高品質、高付加価値、リサイクル性など）の付与が希求されており、既存の「ものづくり」とは全く異なる戦略が必要である。これまで基礎工学研究科では、「もの」を基盤に置きながらも、俯瞰的な視野を持ち、物質・システム・機能（「もの」の三属性）に着目した学際型研究（Multi-Disciplinary Research）から、各々の関連性・相関性に着目した分野融合研究（Trans-Disciplinary Research）へと進化させ、独自の専門領域を開拓してきた。今後「超スマート社会」実現のために要求されるGlobal博士人材共育には、これまでの「もの」を中心とした教育研究の融合地平面を貫く「情報」推進軸を顕在化させることで、異なる階層にある「もの」の三属性「物質・システム・機能」をより密接に相互連結させる、新たなデータ駆動型の学術変革戦略を構築し、体系化を目指すべきであると考えられる。

　不安定かつ不確実性の高い、現代のGlobal社会においては、自身の志・夢を端緒にして自分自身の基盤・理念・

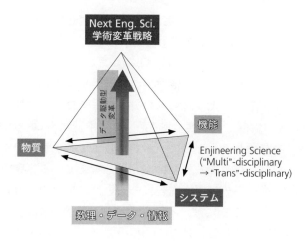

図9　著者が考える Global 博士人材に伝えるべき基礎工学の考え方（私見）

　信念を持ち、その上で、俯瞰的な視野を以て異分野・異文化を眺め連携させることができる、Global 博士人材の育成が必要不可欠であり、急務でもある。日本人学生・留学生を問わず、そのような視野を有する人材を輩出するために、小さなことからコツコツと、日々、努力していきたいと考えている。

6 ｜ おわりに

　Global 博士人材共育を軸にして、筆者の経験した、また、現在実践しているケーススタディを記載した。筆者自身も基礎工学研究科の出身であるが、通常の研究教育活動の中で、最先端研究に関するタフな討論は日常茶飯事に行われているが、諸先輩・同僚教職員・学生の考え方がEngineering Science 理念に根付いたものであると感じている。一般的な工学部、理学部、理工学部と比較して、設立時の理念を鑑みると部局自身の定義・存在意義を深く考える土壌が醸成された組織であると実感している（異論を

拒絶せず受け入れて、討論する環境は当該部局の優れた点であると考えている）。設立理念に正解はなく、また、不変のものではない（常に進化し続けるべきである）。考え続ける行為こそが、日本人学生・留学生の人間力を高めるために重要であり、それにより研究へのアプローチに個性・独創性が生まれてくる。「高度」「拡度」で、不遜にもGlobal博士人材を分類しようとしているが、教員である筆者ですら、まだ成長過程にある（未熟である）と考えている。専門性の極めて高い最先端研究内容、あるいは、抽象的な概念である理念を伝えるには、困難なケースにも数々遭遇した。「話せばわかる」ことはなく、相手の文化・立場・意見を尊重の上で「わかるように話す」ことが重要と確信している。日本語・英語などの一般的な語学力に加えて、理系独特の言語？（即ち、実験データや解析データなどの「数値」、作業モデルや研究Visionなどの「理念」）を見える化しつつ、巧みに使用することで、効果的なコミュニケーションが達成できる。改善を繰り返しつつも、Philosophy-Based Learningを基本戦略として、引き続き、Global Engineering Scientistを輩出するために一教員として精進し、基礎工学研究科という部局全体における国際交流の推進に少しでも貢献したいと考えている。

謝辞
本章で題材とした生物機能材料設計学Gr（PI：久保井亮一名誉教授）ならびにBio-Inspired化学工学Gr（PI：筆者）の博士人材34名、そして全ての卒業生に謝辞を述べる。また、後半部分の記載内容について、基礎工学研究科で留学生受け入れの企画運営に携わる国際交流推進室（室長：田中正夫名誉教授）・教育企画推進室（室長：中野雅由教授）、留学生受け入れの現場運営に携わる大学院係、留学生相談室、教務係、庶務係、大阪大学本部国際部（理事：河原源太教授、北米拠点長：田谷正仁名誉教授）の教職員の皆様にお礼申し上げたい。

注　　　　　[1]「共育」とは教育の方法論を踏まえた造語である。学生の視点と教員
　　　　　　　　の視点、いずれも尊重した上で、共に育む(共育)スタイルと定義する。
　　　　　　[2] 大阪大学が提供する理工系留学生の短期受け入れプログラム。
　　　　　　　　FrontierLab@OUは、全学レベルの学術交流協定校に所属する学生を
　　　　　　　　対象としており、FrontierSummerは、米国カリフォルニア大学に所
　　　　　　　　属する学生を対象としている。一定期間（最長1年間）受け入れ、主
　　　　　　　　として当該研究室で提示する研究テーマを学ぶ。2016–2021年の統
　　　　　　　　計では、履修生全体（約200名）の約5%の学生が各部局の大学院コー
　　　　　　　　ス（博士前期・後期）に進学している。

参考文献　　馬越大（2012）「Membranomeに基づく革新的バイオテクノロジー（特
　　　　　　　　集：最先端・次世代の化学工学）」『化学工学』76, pp.215–216.
　　　　　　馬越大（2014）「研究室紹介 生物発想化学工学（Bio-Inspired 化学工学）
　　　　　　　　グループ」『化学工学』78, p.65.
　　　　　　久保井亮一・島田彌・江頭靖幸・海老谷幸喜・紀ノ岡正博・高橋英明・佐
　　　　　　　　藤博・馬越大・白石康浩・芝定孝・島内寿徳（2006a）「テーマの自
　　　　　　　　主設定に特に注力した化学工学系2回生へのPBL教育とその効果」『工
　　　　　　　　学教育』53, pp.18–22.
　　　　　　久保井亮一・島田彌・江頭靖幸・海老谷幸喜・紀ノ岡正博・高橋英明・佐
　　　　　　　　藤博・馬越大・白石康浩・芝定孝・島内寿徳（2006b）「化学工学系
　　　　　　　　2回生へのPBL教育に対するアウトカムズの持続的評価」『工学教育』
　　　　　　　　53, pp.52–57.
　　　　　　島田彌（2005）『学生・技術者育成の研修システム─自主性・創造性喚起
　　　　　　　　の具体的手法』大阪大学出版会

コラム④
日本留学が教えてくれたこと

卓 妍秀

　「大変ね、頑張ってね」これは、日本に出国する前日に韓国の日本語塾の講師が私にかけてくれた言葉である。当時、私は簡単な文章が読める程度の日本語レベルだったので、日本人の講師は心配していた。もう20年も前のことだが、いまだに鮮明に覚えている。初めて一人で乗った飛行機の中で、「日本での時間は博士号を取るために存在するものだ。一刻も早く卒業して帰る」と思っていた。

　私は富士山の美しい静岡県三島市にある国立遺伝学研究所に研究生として研究室で実験しながら、この研究所が所属する総合研究大学院大学の博士課程に入学するための入試準備をしていた。入試は1日目の筆記試験、2日目の面接の構成で、何よりも不安なのは面接だった。「私の日本語大丈夫かな……」。

　日本に来て驚いたことは、専門書籍が日本語に翻訳されていることであった。一つの専門分野に関する書籍の種類も多い。たとえば、分子生物学の教科書においても最新版の翻訳があり、最新研究の紹介や動向を紹介する日本語の学術雑誌もある。英語の原書を読むのは時間がかかるので、日本人の学生はうらやましいなと思った。まず、私は研究分野の専門用語を習得しなければならない。そこで、実験を指導してくれる助手（現在の助教）と週1回程度日本語の雑誌を読みながら、専門分野の日本語を勉強した。有

218

名な国際ジャーナルに論文を出している研究者が、直接指導してくれることは光栄だと思った。私の面接の練習のために、研究室のみなさんの時間をとり、何回も練習を繰り返した。30分の面接は、準備していた日本語とその場で考えた日本語を織り交ぜながら何とかこなした。私の答えを私より正確に受け止めて次々と質問を深めていく審査委員の先生たちを目の当たりにした。私もそうなりたい、とその時思った。

　10ヶ月間の研究生期間は自分自身を厳しく律して過ごした。一番早く研究室にきて、一番遅く帰ろうとしていたので、朝8時から夜10時ごろまで研究室にいた。ある日、指導教員から「韓国の大学院生のようにしなくていいですよ」と言われ、少しずつ研究室以外の時間を過ごす習慣を身につけていくこともできた。日本への留学を決めたのは、最先端の実験の施設・設備が整えられている研究環境に加え、基礎分野の研究が集中的に支援され、かつ、深い知識や実験に裏付けられた研究が進んでいることだった。韓国では、私と同じ分野の研究者は数えるほどしかいないのに、日本ではその分野の人たちが集まって、何日もかけて実験データを見ながら議論する。より多くの研究者による共同作業で研究が遂行されていくのを直に見て、研究者としてきっと知的に興味深い時間が過ごせるだろうと確信した。

　博士課程の時期は自分の研究だけに集中できる環境に恵まれた。やりたい実験があればやりたい放題、読みたい論文もすぐ手に入る。時々出版される前の論文を読むこともあるので、顔は見えないものの世界の研究者と競争しているという緊張感もあった。研究仲間との議論により一つの実験結果に対して様々な角度から考えることができ、自分の研究にますます夢中になれる動機を与えてくれた。そして、博士課程修了後もポスドクとして研究に専念すること

コラム④　日本留学が教えてくれたこと

ができた。日本の研究環境にも慣れ、研究分野の知識も蓄積されてきて、研究者として最も楽しく充実した時期であった。その当時トレーニングされた問題の発見・解決へのアプローチ、論理的思考方法、人的ネットワーク作りなどは、現在の大学教員としての生活に大いに役に立っている。

　大阪大学では、教員として研究とともに留学生を指導する業務に関わることになった。20年前に来日した当初から、これまでの様々な経験を活かして、彼らにも一番楽しい研究を日本でしてもらえればと祈念しつつ指導している。いち早く帰国する決心で新世界に飛び込んだ私の日本留学だったが、日本で研究することが充実していたため、現在にいたるまで日本での教員・研究者としての生活が続いている。

第11章

医学系研究科での「キャンパス・アジア・プログラム」による研究者育成

白井こころ・劉 克洋・磯 博康

大阪大学医学系研究科では、中国の北京大学、清華大学、上海交通大学、天津中医薬大学、韓国の延世大学校といった、日中韓のトップ5大学と国際交流協定を結び、大阪大学公衆衛生学講座を中心とした、6校間での緊密な連携のもと、キャンパス・アジア・プログラム（CA）を展開し、アジア地域における医学・公衆衛生学の専門家・研究者の育成プログラムを実施している。大阪大学国際教育交流センターでの日本語集中コース受講は、公衆衛生学講座における、生活習慣病予防に関する調査研究や、地域での実践・調査活動に参加するための重要なスキルを向上させており、医学系研究科における、留学生の研究活動を推進する上で大きく貢献している。

1 はじめに

現在の世界的な感染症の流行とともに、新興感染症、再興感染症対策に対する世界的な注目が集まっており[1]、公衆衛生学領域の研究や活動に対する関心度も高い。Sustainable Development Goals（SDGs）達成を目指す活動の一環として、国際社会の中で共同して公衆衛生対策を進めることの重要性が認識され、世界において共通の意識や

知識を持つ、公衆衛生専門家の教育や国際共同研究の必要性が増している。また、近年世界の人口構造の変化からは、少子高齢化の進展により、人類の健康問題は感染症対策が中心の時代から生活習慣病、認知症をはじめとするnon-communicable disease、および老化関連疾患への対策が求められる時代へと変化している。特に東アジア諸国では欧米に比べて少子高齢化が急速に進んでおり、世界人口の高齢化と、高齢者の健康課題に対する対策が急務となっている[2]。

　高齢化に伴う疾患の根本的な解決に資する医学分野の対策には、治療方法の確立とともに、予防研究の追究が重要であり、老化制御を軸とした基礎研究や、生活習慣病対策による幅広い予防活動を一層進める必要がある[3]。世界的な健康問題である生活習慣病や認知症の予防・治療、さらには老化のメカニズムに関する基礎研究の推進のためには、若手研究者の組織的な育成と、グローバルリーダーとなりうる知識と視点を持つ専門家の育成が必須である。

　大阪大学医学系研究科では、2017年度から、中国の北京大学、清華大学、上海交通大学、天津中医薬大学、韓国の延世大学校といったアジアのトップ大学5校との間で、日中韓のコンソーシアムによる教育プログラムを推進している。加えて、6校間で国際交流協定を結び、欧米型のトレーニングによる医学系専門家の育成にとどまらない、アジア型の知の共有を目指し、3カ国間での活発な学生交流・若手研究者の交流を行っている。本プログラムの背景には、下記で詳述するように、欧米の高等教育機関への留学のみならず、アジア圏との連携教育の重要性への着眼があるからである[4]。そして、2018年度からは、中国の北京大学、天津中医薬大学、韓国の延世大学校との間で、日本初の医学博士ダブル・ディグリー・プログラム（DDP）を開始した[5]。本章では、DDP学生を例とし、中期、長期

のキャンパス・アジア留学生が安心して日本で研究し生活を送るための、日本語教育を含む研究支援の取り組みを、医学研究の観点から紹介する。

2 | プログラム実施の背景

「キャンパス・アジア」プログラムは、日中韓政府が共同で"質の保証を伴う"大学間学生交流を拡大する構想である[6]。2009年10月北京において開催された日本、中国、韓国の首脳会談（第2回日中韓サミット）では、東アジア3カ国の大学間交流の重要性とさらなる協力の必要性が確認され、「日中韓大学間交流・連携推進会議（キャンパスアジア構想）」の設置と推進が合意された[7]。会議では、東アジア地域における学生・教員の移動の活発化、経済活動の一体化が進行する中で、地域全体を視野に入れた人材育成を行っていくために、「今後の協力分野」として「大学間交流」が議題として取り上げられた。鳩山内閣総理大臣（当時）が、東アジア地域における質の高い大学間交流の提案を行い、中韓両国首脳が合意することで、国際的な教育制度への相互理解を図るために、日中韓質保証機関協議会と大学間交流・連携推進会議が、3カ国の政府主導で発足した。2010年4月に日本の文部科学省、中国・韓国の教育部をオブサーバーとし、3カ国の大学、研究機関の協力のもと、大学間交流と単位互換、ならびに高等教育の発展を目指して、日中韓大学間交流・連携推進会議の第1回会合が東京で開催された。ここで日中韓3カ国の政府は、質の保証を伴った学生交流を推進するための構想として、キャンパス・アジア・プログラム（CAMPUS Asia）を立ち上げた。

「CAMPUS：キャンパス」とは、「Collective Action for Mobility Program of University Students」の略である。

国際共同教育プログラムの質の保証・向上を促進するために、3カ国首脳の合意と政府の支援のもとで発足した「日中韓質保証機関協議会」は、日本の大学改革支援・学位授与機構と、中国教育部高等教育教学評価センター（HEEC）、韓国大学教育協議会（KCUE）で構成されている[8]。本プログラムの枠組みにより、大阪大学をはじめ複数の大学教育機関が、中韓の大学と共同して、それぞれのテーマに特化した、キャンパス・アジア・プログラムを展開している[9]。

　医療分野における日本・中国・韓国の状況として、各国は、近年の少子高齢化に伴う健康課題に対して、医療システムや、公衆衛生対策における制度や政策の見直しを迫られている。社会保障制度再編成の背景には、1970年代の日本、1990年代の韓国、2000年代の中国において急速に進んだ経済発展と、現在の経済的停滞による資源配分の見直し、また人口構成の変化による疾病構造の変化への対応の必要性がある[10]。医療制度や、公衆衛生対策、健康政策の見直しには、最新の科学的知見と信頼できるエビデンスの蓄積が必要であり、急速な個人・社会の高齢化が進む中、特に老化関連疾患の予防、医療に関する革新的な基礎研究、応用研究、制度研究等の進展が求められている。

　近年では、生活習慣病や認知症をはじめとする老化関連疾患の増加以外にも、最近の新型コロナウイルス感染症に代表される交通・物流の国際化に伴う新興感染症・再興感染症の脅威の拡大[11]、自然災害による健康被害や、大気水質汚染や温暖化、放射線災害等の社会環境的問題、希少疾患や難病への対策、メンタルヘルスや地域・職場の健康課題等々、多岐にわたる課題が、世界的な健康問題として顕在化している。これらの諸問題の長期的かつより抜本的な解決のためには、医学分野においても、幅広い視点で個人・社会の健康を考え、対応できる実行力を持つ人材の育成が不可欠である。

すなわち、医学の知識・技術に加えて、文理融合型、問題解決型の知を有する人材を組織的に育成することが急務である。そのため大学を拠点とした産官学の協働により、人材育成を多面的に進めることが肝要である。加えて、このような医学教育のパラダイムシフトに対応し、これからの医学研究における国際協力の重要性を理解すると同時に、自らの研究成果を世界へ発信し、世界展開できる能力とマインドを持った人材の育成を進める必要がある。そこで、大阪大学医学系研究科では、海外のトップ大学との協働によりグローバル人材の育成のための教育・研究の機会を連携して提供することを目指した。

　キャンパス・アジア・プログラムでは、生活習慣病予防と老化関連疾患への対策を中心課題の一つとしており、老化制御を軸とした基礎研究と臨床研究、公衆衛生等の社会医学研究を融合して進める必要がある。そのため、キャンパス・アジア・プログラム参加留学生の、医学系研究科における派遣受け入れ研究室も、基礎研究、臨床研究、社会医学研究の３領域を横断しており、各研究室との連携と、研究分野を横断した学生受け入れの体制作りを構築した。

　海外からの優秀な留学生を受け入れ、社会的要望に応える人材の育成を行う本プログラムにとって、来日後の留学生の研究活動を支える日本語教育と医学研究支援は極めて重要である。日中韓３カ国からの留学生に対して、日本における人材育成の最初の基礎的サポートの第一歩となる、留学生支援のシステムについて、キャンパス・アジア・プログラムの取り組み例を以下に紹介する。

3 ｜具体的な取り組み

　キャンパス・アジア・プログラムの具体的な取り組みについて、以下５点に分けて説明する。

3.1 制度の確立および具体的なサポート体制

3.1.1 キャンパス・アジア・プログラムにおける教員体制の整備・拡充

　留学生の実質的な教育・研究指導を担当する大学院医学系研究科の研究室は、プログラム開始当初の2016年秋には公衆衛生学、核医学、生体システム薬理学の3講座であった。その後5年間に研究協力の必要性と留学生の要望に応じて、生体システム薬理学、遺伝学、統合生理学、免疫細胞生物学、分子神経科学、内分泌代謝内科学、肥満脂肪病態学、運動器バイオマテリアル学、スポーツ医学、病態病理学、放射線治療学、麻酔・集中治療医学講座、精神医学、整形外科学、神経内科学、医の倫理と公共政策学、環境医学、医学統計学の講座が加わった。

　2021年1月現在、21講座が研究・教育の受け入れ、学生派遣を実施しており、講座の連携のもと、基礎、臨床、社会医学の分野を幅広く網羅する形で、留学生に総合的な医学研究の機会と、充実した指導体制を提供できるプログラムへと拡大している。学部・修士・博士の学生を対象とし、短期・中期・長期の各プログラムにおいて、各講座の教授、スタッフが留学生を受け入れ、指導する体制であり、キャンパス・アジア事務局を中心として、留学生の研究希望に合わせて、研究室へ配属する体制を構築した（図1）。併せて、日中韓における留学生の受け入れプログラムを整備するにあたり、キャンパス・アジアの講座教授により組織した「キャンパス・アジア教務委員会」を運用し、ダブル・ディグリー・プログラム（DDP）の設置に際しては、学位審査や単位授与、入学資格等に関する議論を行い、質保証の体制整備にも務めてきた（DDPの詳細は後項に記載する）。

大学の世界展開力強化事業：キャンパスアジア・プログラム

世界的健康問題の解決に向けたグローバルな人材育成プログラム、
アジアにおける医学研究ネットワークの拡大

（日本初の医学系DDPプログラム）

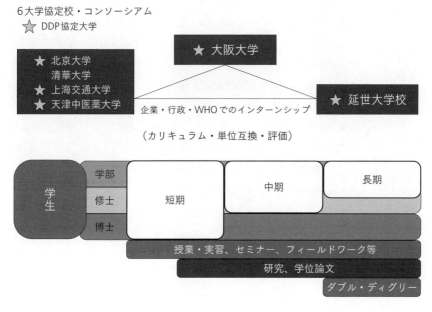

図1　キャンパス・アジア・プログラム概要図

3.1.2　事業推進事務局（キャンパス・アジア事務局）、留学生サポートセンターの運用

　学生の個別のニーズに対応するとともに、留学生の研究・生活支援をシステム化して、充実した支援体制を実現するため、事務局に留学生サポートセンターを置き、運用体制を構築した。キャンパス・アジア事務局における、留学生支援の体制として、専任教員による教育・研究の支援およびコーディネート、事務補佐員等による生活支援や、その他の活動に関するきめ細やかな支援体制を構築している。学内では大阪大学国際教育交流センター、大学院医学系研究科内の医学科教育センター、医学科国際交流センタ

一、大学院教務委員会、グローバルヘルス・イニシアティブ等との連携を強化・継続し、学生の支援を行っている（図2）。加えて、学外ではコンソーシアム大学の留学生センターの担当者や、キャンパス・アジア事務局の担当者等とも緊密な連携を図っている。具体的には、短期・中期の留学生も含め、派遣・受け入れ学生一人ずつに対して、面接の設定、聞き取り情報に基づく受け入れプログラムの作成を行う。その際、送り出し側の大学の担当者と連携を密に取り、留学前から学生の研究や学習の希望、要配慮情報等を共有し、受け入れ研究室を選定し、担当教員との面接や、病院での受け入れの調整等経て、研究室への配属を行う。留学生としての受け入れ決定後は、ビザや在留資格、宿舎の手配や銀行口座へのアクセス、予防接種等生活面での支援、各教室での研究への参加、学習プログラムへの参加サポート等を行っている。

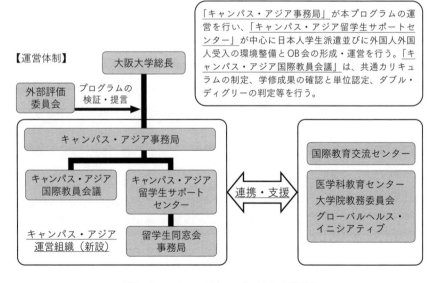

図2　キャンパス・アジア・プログラム運営体制

滞在期間中のプログラムは、学生の研究や学習の希望に
合致する研究室を選定するとともに、複数研究室を希望す
る場合には、各研究室間での連携や全体スケジュールの調
整を行い、学生の受け入れ体制と学習成果が上がる支援体
制を構築する。その際、相手大学との定期ミーティングに
おける学生情報の共有や、学外関係機関との緊密な関係・
連携は不可欠であり、各学生支援ならび、システム構築の
ために、大阪大学キャンパス・アジア事務局が中心となっ
て担当者レベルでのWeb会議等を定期的に実施してい
る。留学生の支援、受け入れについて、公衆衛生学教室で
の事務局運営のもと、海外のサポートオフィスとの連携、
さらに大阪大学医学部内での各分野の教室と連携して学生
を受け入れることで、医学分野における留学生の専門的な
教育支援体制を充実させることができた。また学位取得を
目指す長期留学生、ダブル・ディグリー・プログラム
（DDP）学生への教育支援としては、学内における大阪大
学国際教育交流センターとの連携により、日本語教育の機
会を最初の受け入れ時に提供することで、研究への参加
や、フィールド調査等への参加がスムーズに行える体制に
なっている。

3.2　教育プログラム、共同研究、およびその成果

3.2.1　キャンパス・アジア・ダブル・ディグリー・プログラム
　日中韓３カ国、６大学間で研究交流協定を結び、学生教
育、研究事業を進めてきた。交流実績を基にして、大阪大
学と北京大学、延世大学校、天津中医薬大学との間で、ダ
ブル・ディグリー・プログラム（DDP）に関する協定を
2018年度、2019年度にそれぞれ締結した。2019年度か
らは、キャンパス・アジア・ダブル・ディグリー（CADD）・
プログラムを本格的に開始したが、これは日本の医学系研
究科における初の取り組みとなった。入学から卒業までの

学生支援体制について、キャンパス・アジア・プログラム
の枠組みの中で、制度設計および運用を進めたが、短期・
中期の学生の受け入れ・派遣と同様に学内の連携機関、コ
ンソーシアム大学との緊密な連携のもと可能となったプロ
グラムである。DDPのために、単位互換認定、ならびに
学位取得要件を両方の大学で満たすための調整、入学年度
や資格要件などの学生募集条件のすり合わせ、学生個別の
コチュテル作成の条件整備等を行った。CADDプログラム
の始動にあたっては、コンソーシアム大学において説明会
を開催して候補者を募集した。2020年度に、大阪大学、
北京大学、延世大学校、天津中医薬大学のCADDプログ
ラムを利用して他大学に留学している学生は4名、2021
度の交流予定者は4名の計8名となり、質の高い交流の拡
大を進めている。

3.2.2 連携講座との共同研究・連携教育体制の推進およびシ ナジー効果の拡大

キャンパス・アジア・プログラムの育成人材像である、
論理的思考能力と柔軟な思考能力を有する、問題解決型の
医学研究グローバルリーダーを育成するために、大学間、
大学内における共同の教育・研究の推進体制を拡充してき
た。基礎医学、臨床医学、社会医学など、研究分野が異な
る研究室での活動を経験することで、学生の学習効果とし
て、病院臨床と基礎研究がより緊密に結び付いたり、研究
室間における研究連携の可能性を示唆するなど、波及効果
も生まれた。

2019年度には、学生の国際共同研究および、協力講座
間、コンソーシアム大学間における教育・研究の連携をさ
らに推進するため、大阪大学医学系研究科内における基
礎、臨床、社会医学の研究分野が連携した留学プログラム
の実施を進めた。プログラムでは、年間15名〜25名程度

の短期・中期の留学生をコンソーシアム5大学から受け入れている（海外大学への留学派遣も同数程度）。それらの学生に対して、研究分野と研究方向の希望に応じた講座のマッチングと、学生が複数の協力講座における研究・教育活動に参加するローテーション・プログラムを整備した。結果として、それぞれ単一の研究室で留学期間を過ごす学生に加え、神経内科学講座、医学統計学講座、公衆衛生学講座の3講座において、留学プログラムを実施する学生や、精神医学講座と公衆衛生学講座、スポーツ医学講座と形成外科学講座など、複数講座で研究を進める学生も増えた。また研究成果として、留学期間中に着手した研究成果を、学術論文として出版する学生も複数名見られる。

3.2.3 学生の研究ニーズ・教育ニーズに合わせたオーダーメイドプログラムの拡充

　CADD・プログラムの本格始動および、短期・中期交流の拡充に合わせて、各大学からの留学生の個別の研究ニーズや必要となる教育支援体制について、個別プログラム作成と研究教育支援を実施してきた。指導教授の研究指導を始め、教室内のチューターによる研究サポートや生活指導、大阪大学国際教育交流センターの日本語集中コース、キャンパス・アジア事務局の教員とコーディネーターによる教務手続きに関する調整、奨学金の申請支援などによって、留学生が大学内外での研究と生活においてぶつかる様々な壁をクリアできるよう努めている。なお、大学院レベルの留学生を対象とした日本語集中コースでは、15週間、コース名の通り毎日集中的に日本語学習を行い、学期末には学生自身の専門分野のトピックや自身の研究歴等について、短いプレゼンテーションと質疑応答を全て日本語で行う。そのような機会も、学生の日本における研究活動を言語コミュニケーション面からより活性化させる効果を

231

生んでいると考えられる。

　短期プログラム参加学生の滞在中のスケジュールは、各自の希望に合わせて個別に調整し、少人数のキャンパス・アジア留学生のための英語講義や、希望に合わせた施設見学・実習の機会拡充に努めてきた。中・長期のプログラムや、CADD取得を目指した大学院博士課程学生へのサポートには、キャンパス・アジア・プログラムの教員が、各研究室における研究指導内容に合わせて、基礎的な統計解析の支援や論文作成のための支援を行ってきた。長期滞在の学生については、滞在初年度の学習チューターのサポートと、国際教育交流センターでの日本語教育支援が提供される。様々な支援を学生の学習・生活の両面において実施してきた結果、学生の発展的なプログラム参加を促進する例につながっている。例えば、短期留学で大阪大学へ来た学生が、DDP学生として再度来日し入学するケースや、短期留学で来日した学生が、ポスドク研究員としてその後の両大学の共同研究に関わり、DDP学生の研究支援をする例など、点と点であった留学支援が、線や面の形に広がり、少しずつ成果につながっている。

3.3　国際シンポジウム、国際教員会議、外部評価の実施

3.3.1　日中韓の国際シンポジウム開催と国際教員会議の開催

　キャンパス・アジア・プログラムでは、外部の参加者を交えた国際シンポジウム、留学生・卒業生の研究や活動の発表を定期的に実施している。国際シンポジウムや、学生の研究発表の機会を持つことで、プログラムへの評価と改善・発展の機会を確保している。加えて、国際シンポジウムは、コンソーシアム内の共同研究推進の機会ともなっている。毎年1度、キャンパス・アジアのコンソーシアム6大学において、日中韓の参加大学の持ち回りのホストによる、国際シンポジウムを開催している。各大学から最先端

研究の成果を持ち寄り、講演と議論を進めることで、今後の共同研究の可能性や、研究交流の方向性を検討する機会となっている。循環器疾患の日韓比較研究や、生活習慣病予防に関するコホート研究の分析など、一部の研究課題は外部資金獲得を伴う、国際共同研究事業へとつながっている。

　また同時期に年に一度、参加大学間の教育・研究に関する情報交換を行う機会として、国際教員会議を実施している。これは、実務者レベルでの定期的な会議とは異なり、1年間の交流実績の振り返りと、CADD・プログラムの運営に関する決定事項など重要案件の審議を行っている。2017年、2018年度は大阪大学、2019年度は北京大学と天津中医薬大学、2020年度は延世大学校において国際シンポジウムと国際教員会議を開催し、今後の研究交流の方向性や、3カ国のバランスの取れた学生交流の実質化等の方法について、意見交換を行った。加えて、過去に留学を体験した学生の同窓会を開催した。2020年度には再び大阪大学が主催校となり、国際シンポジウム、国際教員会議を開催した（開催方法は、現在の感染症予防対策のため、オンラインにて実施）。

3.3.2　各大学におけるキャンパス・アジア・プログラムの外部評価・内部評価の実施

　コンソーシアム大学において、プログラム内部の質的保証システムと、外部評価システムを構築し、運用を行っている。内部の質的保証システムとして、6大学で共通した学生に対する評価シートを共有し学生の評価基準の標準化を図った。さらに、参加学生、担当教員側からのプログラムに対する活動評価シートを作成し、コンソーシアム大学間で共有している。キャンパス・アジア・プログラムでは、短期・中期の留学も単位認定できる仕組みを取ってい

る。単位認定の評価として、配属研究室における活動評価と、滞在期間の活動のまとめとして学生が研究報告を実施し、指導教授とプログラム主任教授が評価を行う。この際に使用する評価基準は、6大学の国際教員会議で設定し、同一基準を使用している。各講座における学生の研究発表会には、キャンパス・アジア・プログラムの教員も参加して評価・講評を行う。

　外部評価システムについては、大学、公官庁、民間企業から委員を迎えて、年に1度プログラムの活動報告と意見聴取を行う、外部評価委員会を開催している。短期・中期の留学システムやCADD・プログラムの体制構築に加え、年間の活動報告、学生サポート体制や学習プログラムの内容、さらに会計報告や年度計画と実施内容の一致等について、評価講評をしてもらう。6大学で共通した評価基準に基づく、学生、教員によるプログラムへの内部評価、および外部評価委員会による外部評価の結果をもとにして、プログラムの改善を図り、PDCAサイクルを回す体制を取っている。

3.3.3　連携大学の教員による共同研究・学習支援体制

　コンソーシアム大学間で、研究連携・教育連携をより緊密に行うために、互いに連携大学の教員を招いて学生指導、講義やセミナー開催、共同研究を実施している。北京大学、延世大学校など、コンソーシアム大学の教員が、研究や講義を大阪大学で行うために、招聘教員として在籍し、一定期間滞在できる体制を整備した。同様に大阪大学の教員が、招聘教員として北京大学や延世大学校にも在籍している。これにより、短期・中期の学生に向けた講義やセミナーの充実はもとより、長期滞在の学生のための研究指導体制が充実し、CADD・プログラムにおける実質的な教育体制の質の保証につながっている。コンソーシアム大

学間で、共同研究が行いやすい体制ができることで、研究に結び付く学生の教育支援体制が充実し、大学院の修士・博士課程学生の留学には不可欠である、教育支援と研究支援の連携が進んだ。医学系研究科における海外留学生の支援体制として、研究活動への支援は教育サポートの体制と不可分であり、講義提供にとどまらない研究のための支援体制が重要である。

3.3.4 キャンパス・アジア同窓会総会、留学経験者による報告会の定期開催

　キャンパス・アジア・プログラムによる交換留学体験者（同窓生）のネットワーク強化と維持のために、2018年度にキャンパス・アジア・プログラム同窓会を組織した。そして、同窓生への定期的なニュースレターの送付および年1回の同窓会総会の開催を実施している。同窓生名簿の管理は大阪大学キャンパス・アジア事務局において行っている。年に1度開催される、国際シンポジウムでは、キャンパス・アジア・プログラム同窓生が、研究発表を行う機会を設け、同窓生の研究の発展を共有するとともに、留学年度を超えた各大学の留学生の交流の機会を確保している。さらに留学経験者が、留学希望者への情報提供を行う機会を設けることで、留学生同士の縦・横のつながりの拡充にも努めている。

4 ｜ おわりに

　本章の執筆はコロナ禍の令和2年度に行われた。人の移動が制限され、国際交流や留学生支援の在り方を考える年としては、非常に大きな転換の年であった。一方で、感染症の対策は、1カ国のみでは完結しえない課題であり、国家間の協調の重要性が改めて認識させられる年でもあっ

た。国際協調、国際交流の重要性が再認識される中、グローバルヘルスの視点から、感染症対策を考える場合、医学、疫学研究分野における教育研究機関の国際連携の在り方を考えることは重要である。発展途上国が多いアジア地域においては、地域内・地域間の健康格差への視点を持ち、事情の異なる各国が共同して課題に取り組むための視点や認識の共有が不可欠である。そのためには、トップダウンによる交流促進だけではなく、学生交流、若手研究者の交流など、長い時間軸の中でボトムアップ型に構築されていく土台作りも重要である。また最先端研究を国際的に共同して推進するための基盤整備にも、留学生としての学生交流、研究室交流などの積み上げは意義があると考えられる。

　今後、グローバル社会の健康課題解決のためには国際連携が必要であるという認識のもと、医学生の交流と共同研究を進めていくためには、アジアの基準と国際基準をどう統合していくのか、という点も議論が必要である。これまでアジア各国の大学では、医学生と医学研究者の交流において多くの障害が存在しており、制度面での不足部分も多くある。それに対して欧州では、ヨーロッパ単位互換制度「ECTS（European Credit Transfer System）」等を用いて欧州諸国の高等教育機関の交流を活発化し[12]、教育の質の向上を図っていると指摘されている[13]。アジア高等教育共同体の構想なども進む中[14]、キャンパス・アジア・プログラムでは、大阪大学主導のもと、日本で初めての医学系研究科におけるダブル・ディグリー・プログラムを実行し、5年間の事業期間を通じて、単位互換制度の実質化や教育の質の保証への取り組みも含めて、学生の教育支援体制を整備してきた。プログラム開始当初は、果たして教育システムも管理システムも異なる3カ国間における単位の互換や学位の発行制度が実現できるのかは未知数であっ

た。学生交流を進めながら、調整を進めてきた5年間を振り返ると、プログラムの歩いてきた道には、コンソーシアム内の相互単位認定制度や、学位取得のシステム、学習評価や学習サポート支援の体制が整備され、今後のアジア高等教育共同体や国際共同研究につながる体制が構築されつつある。

　医学教育の国際化は長期的なプロセスである。その中核をなす医学研究、大学院生教育の大部分に関しては英語がある程度通用するが、現地語が理解できないことで受ける制約は、研究面・生活面において確かに存在する。日本に留学し、研究を進める学生にとって、語学による制約を少なくし、実質的な研究の成果を上げるための効果的な支援システムを構築し、長期的かつ確実に運用していくことは、学生支援の観点からも、研究支援、国際競争力強化の観点からも重要である。

　キャンパス・アジア・プログラムは、学部学生、修士課程学生に特化したプログラムに比べれば、規模は大きくないが、博士課程学生を含めた学生へ、専門教育や高度な研究指導の機会を提供しており、留学生サポートの視点から多くの機関との連携や、資源の動員を必要とするプログラムである。同時に、アジア圏における英語以外の言語を母国語とする学生が、医学研究において成果を上げるためのスタートプログラムとして、短期の留学から、ダブル・ディグリー・プログラムの取得まで、幅広い学習プログラムを提供している。今後も留学生の研究活動を支える、研究・教育支援のプログラムとして、日本語教育、学生支援、研究推進のネットワークの中で、ともに発展していくプログラムであることを祈念しながら、活動を進めたいと考える。

謝辞

本章では、キャンパス・アジア・プログラムの取り組みを事例として紹介したが、本プログラムの運営と留学生サポート体制の構築には、海外コンソーシアム大学における関係教員、スタッフの支援が不可欠であり、また大阪大学内の複数の組織の協力体制なしには実現できないものである。大阪大学キャンパス・アジア連携講座の教授、スタッフの皆さまをはじめ、実習受け入れ先の先生方、医学部国際交流センター、教育支援センターの先生方、医学部教務や本部国際交流部門、国際教育交流センターの教職員、キャンパス・アジア事務局の現在のスタッフ三待様、江副様、藤井様、松石様、前スタッフの島袋様、志水様、ホール様、高橋様、石多様はじめ、同窓生、大学内外の関係者の皆さまに心より感謝申し上げます。

注

[1] 厚生労働省（2020）「第13回日中韓三国保健大臣会合共同声明」https://www.mhlw.go.jp/content/10501000/000704834.pdf（2020年2月16日閲覧）

[2] 内閣府（2020）「第1章第2節 高齢化の国際的動向」『令和2年版高齢社会白書（全体版）』

[3] 内閣府（2020）「第2章 令和元年度高齢社会対策の実施の状況」『令和2年版高齢社会白書（全体版）』

[4] 杉村美紀・黒田一雄（編）（2009）『アジアにおける地域連携教育フレームワークと大学間連携事例の検証』文部科学省平成20年度国際開発サポートセンター・プロジェクト

[5] 大阪大学（2020）「国内初 医学分野の大学院博士課程ダブル・ディグリープログラム開始」http://www.pbhel.med.osaka-u.ac.jp/campusasia/news/2019/20190701.html.（2020年2月11日現在）

[6] 文部科学省（2010）「日中韓大学間交流・連携推進会議」https://www.mext.go.jp/a_menu/koutou/shitu/1292771.htm（2020年2月16日閲覧）

[7] 厚生労働省（2018）「第11回日中韓三国保健大臣会合共同声明」https://www.mhlw.go.jp/content/10501000/000410148.pdf（2020年2月16日閲覧）

[8] 独立行政法人 大学改革支援・学位授与機構（2016）「日中韓質保証機関協議会の概要」https://www.niad.ac.jp/n_kokusai/intl_engagement/jckcouncil/no17_overview_jckcouncil_rev.pdf（2020年2月16日閲覧）

[9] 鳥井康照（2010）「アジア地域における大学間連携に関する一考察」『桜美林論考. 心理・教育学研究』1, pp.111–121.

[10] 日本学術会議（2010）「持続可能な世界の構築のために」http://www.scj.go.jp/ja/info/kohyo/pdf/kohyo-21-tsoukai-6.pdf（2020年2月16日閲覧）

[11] 佐藤敏信（2020）「新型コロナウイルス感染症（COVID-19）を公衆

衛生学・社会学的に分析する」『久留米医学会雑誌』83, pp.191–204.

［12］ 文部科学省（2008）「エラスムス計画及びエラスムス・ムンデュス計画の展開、成果及び課題」『アジア・太平洋地域における大学間交流等の拡大に関する調査研究』http://www.mext.go.jp/a_menu/koutou/itaku/__icsFiles/afieldfile/2010/11/12/1299006_2.pdf（2020年2月16日閲覧）

［13］ 北原和夫（2000）「ヨーロッパにおける教育の実験—エラスムス計画」『日本物理学会誌』55, pp.626–628.

［14］ 眞谷国光（2019）「日本人学生のアジア留学経験によるアジア・シティズンシップ育成に関する考察」『高等教育研究』22, pp.185–205.

地域の社会空間のコンテクストを尊重する都市計画・まちづくりの人材育成

木多道宏

近年のグローバル経済の影響により、「開発途上国」と呼ばれる国々では、大都市を中心に、地域固有の空間文化を破壊するような開発が進んでいる。これに疑問を感じる留学生が、アジア、アフリカから当研究室に集まり、地域の空間組織の成り立ちを背後から支える社会組織、経済システム、祭礼、生業などの地域文脈（地域コンテクスト）を解読し、それを継承するための都市計画・まちづくりを追求している。人材育成を通して、各国・各地域における経済主義的な都市開発からの脱却と、地域固有のまちづくりの創造を支援することが本学の国際貢献の一つの形であることを提示する。

1 はじめに

　海外から本学理工学系の大学院に留学する学生には、日本の文化と技術の両方に関心があり日本語で学びたいという学生と、一方で、研究室で専門を学ぶのが目的であり、むしろ海外を意識して英語だけで研究したいという学生の両方のケースがある。

　筆者の所属する建築工学コースでは日本語を習得させながら技術を教えるというケースが大半である。また、大学

院修了後に日本で就職したいという学生には有利である。しかし、私の研究室では後者も積極的に受け入れている。日本語の習得を課すと、それを負担に感じる優秀な学生が欧米の大学に流れてしまうためである。

　ただし、筆者はどちらの留学生に対しても日本語の特別な用語を用いて都市計画とまちづくりを教えている。なぜなら、日本の集落・都市には、欧州を起源とする近代的な都市計画の論理では捉えきれない形成原理があり、それは英訳が難しい日本語を通してこそ伝わるものである。また、その概念こそ、近代の都市計画を現代的な都市計画へと発展させる鍵となるからである。

2 ｜ 都市計画を志す留学生が日本に期待すること

　留学生はアフリカ、西アジア、東南アジア、南アジアなど、いわゆる「開発途上国」と言われる国々からの出身者を積極的に受け入れている。留学生はそれぞれの地域ならではの都市問題を抱え、それを解決するための研究を希望する。当研究室がこれまで留学生たちと取り組んできた課題には大きく三つのものがある。

　一つ目は、非正規市街地・スラムの改善である。「非正規市街地（informal settlement）」とは、法律上建物の建設が許されない土地に、人々が自ら建物群を建設し、インフラストラクチャーが未整備なまま街が形成されたエリアを指す。貧困や不衛生、治安の悪化が極度に進行すると「スラム」と呼ばれる状態になる。非正規市街地は南半球の開発途上国に広く分布し、アフリカのほとんどの国では都市人口の半分以上の人々が非正規市街地で生活している。例えば、ガーナの首都アクラには、78か所の非正規市街地があり、アクラ市の人口の約60％の人々が居住している（Gillespie 2018）。政府による抜本的な対策はなく、貧困、

火災、水害、コレラの蔓延など、深刻な問題を抱える地区も多い。

　二つ目は、大都市圏のマネジメントの課題である。開発途上国の大都市では、大都市への人口の流入により、都心部では過密が進み、都市圏の縁辺部では道路や上下水道などのインフラストラクチャーが整わないまま建物が無秩序に建設されるというアーバンスプロール現象が進んでいる。公共交通が未成熟なため、縁辺部から都心に通勤する人々による深刻な交通渋滞も生じている。バングラデシュの首都ダッカは、より危機的な問題を抱えている。もともと湖沼や河川など水系の豊かな土地であったが、急激な都市開発により、多くが埋め立てられた。近年は地下水の汲み上げにより地下水位が下がり続け、一部のエリアでは飲料水が確保できず配給に頼っている状況である。下水道の維持管理も悪く、近年は頻繁に洪水が生じており、過密化した都市の何を制御すれば改善へと向かうのか全く目処の立たない状況である。

　三つ目は、都市の災害対策と災害復興である。例えばインドネシアでは地震と津波による災害が深刻であり、フィリピンでは台風による洪水がある。被災した建物や都市、そして地域社会をどのように復興させるのかを考える必要がある。やがて生じる災害に備えた事前対策のあり方も重要である。また、シリアやアフガニスタンのように、深刻な内戦により破壊された都市をどのように再建するのか、復興計画を通して失われた大切な文化や歴史をどのように継承するのか。その手がかりを得るために留学生たちは戦災と自然災害の両方を経験している日本の大学を選ぶという面もある。戦災で特に問題となるのは、戦争を起こした勢力が、地域社会の人々にとって大切な文化や誇り自体を意図的に破壊することである。戦災からの都市や地域の復興を考えるためには、戦争と急激な近代化の中で忘れ去られてしまった価値をもう一度

243

「読解」することが必要となる。

　留学生の出身国が抱える三つの深刻な課題について、「先進国」による「開発途上国」の国際的な支援という名目のもと、欧米から近現代の都市計画と都市開発が導入されてきた。開発途上国自らがそれを選択する場合もある。しかし、開発途上国の諸地域には相応しくないのではないかとの考えを筆者は持っている。例えば、アフリカ諸都市における都市計画は、植民地時代のみならず独立後も旧宗主国の影響を受け、土地所有を公有地と私有地に区分し、私有地の私権を制限することで、都市の調和や機能性を成立させようとする欧州型の考え方が基本となっている。このため、アフリカに固有の共有地やコモンズによる共的な都市・地域運営の仕組みが制度的に保証されず弱体化してきたとみている。

　なぜ留学先を欧米ではなく日本にしたのかについて、ガーナ出身の留学生が次のように話してくれた。1980年代のアフリカ諸国では、世界銀行により構造調整プログラム（SAPs: Structural Adjustment Programs）が実施された。これは、結果的に見れば、伝統的な産業や社会空間を破壊し、地方部から大都市への大量の「難民」の流入を誘発した（Okyere 2013）。首都アクラに大量のスラムを生じさせる原因となったのである。また、植民地時代の宗主国による都市計画は、欧州と現地の人々を差別する「ゾーニング」の考え方を基本としていたが、独立後も欧州の計画技術が導入され、社会階層を分けるような都市開発が社会的な分断をさらに進めてしまったのである。欧米の影響を受けながらも独自の国土をつくり上げた日本で学びたいのは必然であるとのことであった。

　以下に、教育と研究を通して留学生たちに伝えている「時間の中の形」、「身体」、「場」、「生命」、「地域文脈（地域コンテクスト）」の概念について紹介する。これらはまさ

に日本の固有の空間文化の中に見出せるものであるが、国、民族、地域、時代を超えた普遍性を持つものでもある。留学生がこれらに関わる視点や理念を身につけることで、自国の都市と地域に誇りを持ち、大切な文化や相互扶助の仕組み、精神性や伝統性を継承し発展させるような都市環境整備の構想と実践ができる人材へと成長することを願っている。

3 ｜「時間の中の形」

3.1 式年遷宮

　フランス人の地理学者、オギュスタン・ベルクが「都市のコスモロジー」という本の中で伊勢神宮の式年遷宮について書いている（ベルク1993）。20年おきに「新殿」を建立し、大御神を「本殿」から「新殿」に移す儀式である。従って、大御神のおられる「本殿」は20年おきに隣の敷地に建て直され、それが交互に繰り返されることになる。日本人にとっても他に類を見ない儀式であり、外国人にとっては特に不思議なものである。

　なぜ、わざわざ20年おきに建て直すのかと問われれば、それは宮大工の技術を伝承するためだというのが一つの答えである。宮大工が持っている技術は極めて特別なものであり、宮大工の技術が発揮できる寺社仏閣の造営の機会は滅多にないことから、わざわざ20年おきに建て直し、技術の伝承の機会を生み出している。

　しかし、オギュスタン・ベルクは、日本人と西欧人の時間に対する価値観を比較することにより、式年遷宮について全く異なる見方をしている。西欧人が建築の伝統について考える時、その構造物の古さに注目する。例えば、歴史的建造物を評価する時、基本的には建築がどれだけオリジナルな状態で、長い年月を経過しているか、というところ

が重視されるのである。一方、日本人は行為を繰り返すことに価値を置く。式年遷宮はもう1300年以上これを繰り返してきた。

　西欧人は時間の観念が直線的であるのに対し、日本人の時間の観念は、直線的でなく何度も回帰するものである。西洋人が思う建築の価値は、年月を経た「空間の中の形」であり、日本人にとっての建築の価値とは、行為が繰り返されることによって何度も再現される「時間の中の形」なのである。

3.2　市街地に「時間の中の形」を発見する

　留学生に「時間の中の形」の読み取りを市街地のスケールで経験してもらうため、大阪大学の豊中キャンパスの東に広がるエリアを紹介している。留学生の寮である国際交流会館が接しており、身近に体験できる事例として最適である。

　今では、住宅の立ち並ぶ一般的な市街地であるが、戦前は山・水系・田畑・集落からなる村落であり、桜井谷村と呼ばれていた。約15年前に、地元の古老の方々から戦前の村落の運営や維持管理について聞き取った。その内容を図化したものを図1に示す。旧桜井谷村は柴原、内田、野畑、小路、北刀根山、南刀根山の六カ村からなる小村の連合体であり、皆が春日神社の氏子であった。

　図1の両端（北西と南東側）に森が連続しており、中央を北東から南西に向かって千里川が蛇行している。森から川に向かって緩やかに下がる土地に、田畑と集落が形成されている。この村落の目に見える風景は、人々が農作物を得るために、ため池や水路を維持し田畑を耕すといった土地に働きかける行為の成果が現れたものである。また、耕作や日常生活を助け合うための幾重もの社会組織があり、数々の年中行事や祭礼はその社会組織のつながりを持続さ

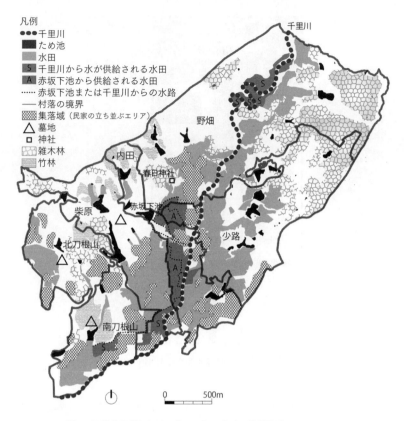

凡例
●●● 千里川
■ ため池
▨ 水田
Ⓢ 千里川から水が供給される水田
Ⓐ 赤坂下池から供給される水田
⋯⋯ 赤坂下池または千里川からの水路
── 村落の境界
▨ 集落域（民家の立ち並ぶエリア）
△ 墓地
□ 神社
▨ 雑木林
▨ 竹林

千里川

野畑

内田

春日神社

柴原

赤坂下池

少路

北刀根山

南刀根山

0　　　500m

図1　旧桜井谷村における山・田畑・水系の維持管理システム

せるための仕組みそのものである。このような目に見えない行為や社会組織を背景として風景が成り立っている。

　旧柴原村に着目すると、北側から南側へ向かって、山、墓地、畑、ため池、集落、水田へと短冊状に土地利用が構成されていることがわかる（図2）。山に降った雨は斜面に張り巡らされた溝でため池に集められ、ため池から水路によって下の水田へと注がれる。標高がため池より上にあって水の回らない土地は畑と集落になる。集落を三分する垣内という社会集団は、水田の一部を共同所有し、緊急時の苗を確保している。また、雑木林から取れる柴は遺体を焼

第12章　地域の社会空間のコンテクストを尊重する都市計画・まちづくりの人材育成

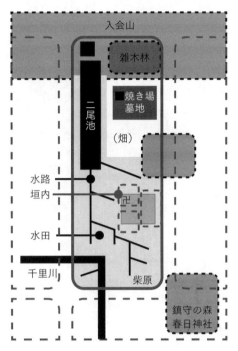

図2　維持管理システムの原型（旧柴原村）

くための貴重な燃料であり、需要をまかなうだけの面積の
山を確保している。以上の土地利用と水系の構成は、長い
年月を経て集落の人口の暮らしを支えるために最適化され
たものであり、この地域の村落の「原型」を表している。
東に隣接する内田村の村落域は南北に約2kmにまで伸び
るが、東西の幅は狭いところで150m、広いところでもせ
いぜい500m程度であり、細長い土地に、山、畑、ため
池、集落、水田の原型が非常に効率よく体現されている。
　村落どうしの関係性も見出すことができる。柴原村の二
尾池は、六カ村の中で唯一水の湧き出る最も優良なため池
であり、自村のみならず、西側に隣接する南刀根山村の水
田にも水を供給していた。内田村の赤坂下池の水も東隣の
野畑村と少路村の水田まで引かれている（図1エリアA）。

南刀根山村は二尾池の水を分けてもらってもまだ水が不足するため、千里川上流の他村のエリアに取水口を設け、他村とシェアしながら水を引いていた（図1エリアS）。一方、少路村は他の村落からの水の供給は受けていないが、ため池の水が回らない高所にも雨水のみに依存した「天水」と呼ばれる水田をつくっていたことから、水資源については不利な環境であったことがわかる。

　柴原村には共同墓地があり、ここに遺体の焼き場もあった。特に焼き場は遺体を夜通しかけて焼く特別な場所であり、村落のはずれで鬱蒼とした樹木に覆われ、人々が日頃怖くて近づかない空間であった。内田、野畑、少路の三村は柴原村の共同墓地と焼き場を使用していた。南刀根山は独自の墓地を保有していたが、焼き場は柴原のものを使用した。北利根山のみが、独自に墓地と焼き場を保有している。

　道と行事にも村落の関係が現れている。共同墓地の前から各村落の方面へ道が放射状に伸びており、盆の最終日にはそれぞれの道を通って各村から松明をかかげた行列が墓地に集まってきた。行列が練り歩く道は、大勢の人々や重たい松明が通行できるよう、前日までに各村が自ら通る道を補修した。これらの関係を図3にモデル化する。六カ村は水系・道・墓地に基づく全地域的な相互扶助の関係を築き上げている。

　その後、当エリアの山、ため池、田畑が徐々に開発され、大阪大学豊中キャンパスも現状の形に整備されるなど市街化が進んできた。しかし、一部のため池や水路が残されることで農業組合による維持管理の仕組みも継続し、農業の喪失を止まらせる要因となった。そして、次世代の人々による「朝市」の活動へとつながった。わずかに残された畑を利用して、農家が野菜を育て、農協の敷地で地域の人々に販売している。農家の人々も直接買い物に訪れる新旧住民の笑顔を見て生産意欲をかきたて、青々とした畑

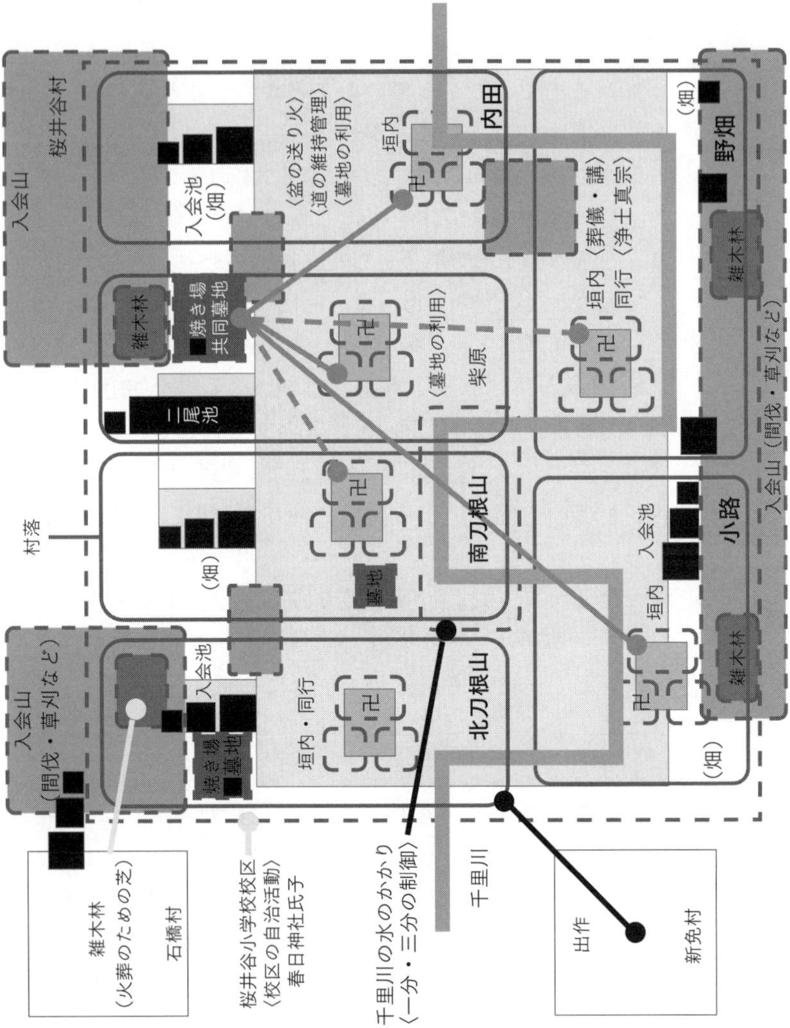

図3　旧桜井谷村における全地域的な相互扶助の構造

の景観の再生につなげる試みである。

　また、本学学生・教職員と地域の人々との協働で、豊中キャンパスと旧柴原村との接点に「スロープ公園」を整備した（写真1）。その周囲の緑のデザインには、旧柴原村で園芸を生業としていた人々の作法や感性が体現されている。

　このように人々が地域を良くしようとする想いにより、水系や農地などへの働きかけが継承されることで、たとえ空間改変が進むとしても、社会と空間の分断を防ぎ、どこか居心地の良いような風景の市街地が生き続けるのである。「時間の中の形」とは、日常・非日常の活動を通して形成される意識、想い、イメージがある構造を持ち、それが持続されることによって、何度建物や構造物が更新されても常に空間構造を「調整」する力を持つものである。

　旧桜井谷村エリアは市街地に漸進的な変化が生じる事例であるが、破壊と再生を繰り返す市街地の再構築の事例も取り上げている。東京は、明治の廃藩置県による町の空洞化、関東大震災による被災、第二次世界大戦による破壊など、何度も暮らしそのものが途絶える危機に遭遇してきた。また、震災と戦災の後には、それぞれ復興の都市開発があり、街路パターンも大きく改変されてきた。それでも、神幸祭などの都市祭礼が継承される地域があり、伊藤裕久は神田や新宿など東京都心部の様々な地域を対象に、祭礼が継承されるメカニズムを検討している（伊藤2008）。

　祭礼の再開を担うのは町内会や図子と呼ばれる地域組織の人々である。震災と戦災からの都市の復興は、土地区画

写真1　「スロープ公園」

整理事業という都市整備手法によって実行された。これにより街路幅員は拡幅され、街路パターンも大幅に整形されていくが、地権者が所有していた土地は「換地」という手続きにより、地域のどこかに確保される。地元の人々が元の地域に居続けることで、神社の氏子としての役割を継続することになる。

　毎年の大祭に備え町内会どうしで協力し合うことにより、相互扶助の関係が地域社会に持続される。大祭当日には、復興により真新しくなった街路でさえも、人々が山車を引きながら巡行することで、地域の人々の一体感が可視化され祭りの喜びを共有することができる。何度町が更新されようとも、祭礼という行為を繰り返すことで、「想いと行為の骨格」が生まれ、地域社会は都市空間を自らの「身体」として生き続けるのである。

　開発途上国の都市開発は、グローバル企業が土地を買収し、既存の構造物を除却することで、土地に根付いてきた人々の「想いと行為の骨格」もろとも消失させてしまう。跡地にどのような建築物が建てられようとも、想いや行為への敬意がなければ、それはもはや生きた「身体」ではないということである。もともと留学生は自国の都市開発に違和感を抱いていることが多く、以上の課題についてよく理解をしてくれる。また、母国の地域に育まれてきた文化や伝統を改めて肯定的に評価し、誇りを回復することにもつながる。

　日本では、地域空間のみならず、住居においても年中行事や通過儀礼など多くの行為が繰り返されてきた。その理由として様々な説明の仕方があるとは思うが、一つの解釈として、日本は世界で最も災害が多発する地域である点をあげたい。もともと日本では、街路や堤などのインフラストラクチャーは土でできていたし、家は木材と紙で造られていたため、地震、津波、台風、洪水、土砂災害、火災な

どで何度も町や家が失われてしまう。だからこそ、行事や儀式などの行為を繰り返すことにより、土地と空間に意味と定義が与えられる。町と家が破壊された時には、土地や空間に定着している意味と定義を基に、新たな構造物が再建される。神仏、先祖、人生に関わる意味があるからこそ、再建するための勇気や力が与えられ、より進化した構造物へと建て替わるのだと考えている。一般の集落や都市に形成される「時間の中の形」は、地域空間を持続的に発展させるための幹や骨格に当たるものであり、これが集落・都市の空間形成原理なのである。

4 ｜ 「空間」と「場所」

　　ある広場のような空間を想定する。立地が良く、落ち着きもあるので、近くの人々が行事に使用し、この空間に面する建物のオーナーがカフェを始めるようになる。やがて、どのような雰囲気の空間にするか、関心のある人々が議論を始めるだろう。一面に植樹をして緑あふれる空間にするのか、適度な緑の下にテーブルを出し知的なお喋りもできる社交的な空間にするのか、大きなイベントをするために植樹はせず全面を空けておくのかなど。やがて人々は何かを創造する空間にしたいという「共通イメージ」を持ち、そのためにはやはり知的なお喋りのできる空間が良いと皆が考え始める。それに合わせて、適度な植栽、暖かい雰囲気の舗装、適度なテーブルと椅子を設けるといった改善を始める。このような議論と小さな改善が継続される中、ある人は他所へと移転し、あるいは新しい人が参画するなど人の入れ替わりが生じてくる。新しい人が新たなアイデアを提案し、議論が繰り返されることで、創造的な空間づくりのイメージを踏襲しながらも、大きなイベントを開催できるような新たな改善が加えられることになる。

人が入れ替わっても継承される「共通イメージ」のことを「暗黙知」と定義する。新しい人を受け入れなければ、やがて「共通イメージ」は硬直化し、メンバーもやがて減っていく。一方で、新しい人とアイデアを受け入れながら、空間を少しずつ変化させながら「暗黙知」が継承されていく状態を「場」と呼ぶ。

　「場」とは生命を持つ存在であり、「場」を構成する一人ひとりの不断の努力により持続される。清水博はそれを「偏在的生命」と呼び、広場や町、都市、国家、地球レベルにも存在するという（清水2003）。「空間」に「場」という生命の存在が備わった時、「空間」が「場所」へと遷移するということである。

　実は、建築・都市系の分野にとって、「空間」、「場所」、「場」という用語は極めて重要であるが、その定義は人によって異なり曖昧である。しかし、留学生が先述の清水博の定義を知ることで、欧米を中心に構築されてきた近代都市計画を、「場の思想」から再整理することができる。また、日本ならではの環境整備の方法論として世界中から注目されている「まちづくり」の概念についても、「場」の視点から説明することが可能である。英語ではCommunity-based Developmentと訳されることもあるが、この語感からは何か物的な環境を改変し整備するという印象を受けるため当を得ていない。「まちづくり」は空間を改変した事実や成果よりも、努力の過程で生まれた人のつながりや価値の向上に重きを置き、その持続可能性を重視するという傾向があるからである。海外の英語文献では「Machizukuri」が用いられているほどである。留学生は「まちづくり」に強い興味を抱いて日本に留学してくるため、「場」の思想が「まちづくり」の本質と一致していることを知ると、大袈裟ではなく都市計画の世界観が変わることになる。

　「場所」のスケールを町や地域の規模まで広げて議論す

ることができる。留学生には大学から近距離にある千里ニュータウンを事例の一つとして説明している。

　千里ニュータウンは人口15万人の街として計画され、1962年に佐竹台が街開きされて以降、1970年までに開発された日本初のニュータウンである。公園・緑地、機能的な街路システム、土地利用の構成など、都市基盤整備に大きな資源が投じられる一方で、住宅や公共施設など、いわゆる「上物」にかける資金は切り詰めるという方針を余儀なくされた。団地の設計に携わった優秀なプランナーたちは、持てる技術を住棟の設計に発揮しきれなくなったが、新しい時代の豊かな住環境を実現するために、住棟と住棟の間の空間、つまり（コストのかからない）外部空間の配置計画に全力を投じることとなった。タイルや石などの舗装も導入できない中、土とアスファルトだけで、ピュアな空間のレイアウトを考えたのである。

　例えば、大阪府営住宅のプランナーは、図4aのように中庭を大きく囲みながら外側にクルドサック（袋小路）を設ける配置を採用することで、子どもが車に遭遇せず中庭で安全に遊べることや、中庭を小さなスケールに分けながら、巨大な団地社会を親密な関係が持てる社会グループへ

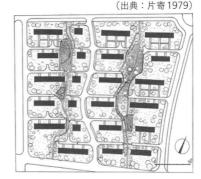

（出典：片寄1979）

図4a　大阪府の計画案　　　　図4b　日本住宅公団の計画案

255

と分節することが意図されている。一方の日本住宅公団は、図4bのように全ての住棟を南面させることを原則として、子どもの遊び場と一体化させた緑道を南北に通し、景観的な短調さを解消するための塔状の「ポイント・ハウス」を導入している。大阪府は日本住宅公団に対し、囲み型配置の採用を強く要求したため、激しい論争が繰り広げられた（片寄1979）。

　両者の団地のプランナーが計画した配置形態は全く異なるが、広場や歩行者道で人々が出会い、そこからコミュニティが形成されていくことを目指していたという点では、同一の「テーマ」を共有していたことになる。

　千里ニュータウンの開発後、初めて団地に入居した第一世代の人々は、土が露わとなった外部空間に、プレイロット、お祭り広場、バレーコート、触れ合いの小道、林などをつくり、育てていった。その過程は常に居住者どうしの合意形成や協力を伴うため、ソーシャルキャピタルの醸成へとつながり、30年・40年後には、コミュニティカフェの開設、竹林や街路の自主管理など全国でも最先端のまちづくりが数々生まれることになった。

　今は第2・第3世代の時代となり、団地の建て替えも大半が完了することとなった。コミュティが再形成されるような外部空間が再構築されたところもあるが、多くの新しい団地では一つにまとめられた広場が整備され、地面は石やタイルで覆われているため、そこに環境を改善しようとする活動や社会グループが生まれる気配は見られない。

　千里ニュータウンの団地の人々に継承されてきた「暗黙知」とは、人々が団地の外部空間を良くしようという想いを共有し、外部空間に働きかける過程で人々のつながりが生まれ、地域社会が育まれてきたことである。まるで一人ひとりが人生の「テーマ」を持って生きていくように、地域も過去から未来へと続く「テーマ」を無意識的・意識的

第3部　研究支援を通した人材育成のデザイン

に受け継いでいくということである。「暗黙知」とは異なる時代の人々が時代を超えた共通の「テーマ」を解くために、建物や広場などの物的環境に刻み込んできた課題解決の知恵を包含するものである。現在の千里ニュータウンの大半の団地では、建て替えとともにこの「テーマ」そのものが喪失する危機にあり、私の研究室がそれを立て直すための活動に取り組んできた。開発途上国でも宗主国からの独立が相次いだ1950年代、1960年代以降にニュータウンが整備された地域が多く、現在これらが建て替えの時期を迎えている。また、非正規市街地・スラムの住民の移転先として大規模な団地の開発が急激に進んでいる地域もある。移転元において地域の人々が取り組んできたまちづくりの「テーマ」を読解し、移転先へと継承することも今後ますます重要になってくる。

5 | 地域文脈（地域コンテクスト）論

　3.2において、「時間の中の形」とは、想いと行為が人と物的環境との間に生み出す「骨格」であると説明した。例えば、ある農村集落では、人々が村の安寧を願いながら街路に沿って神輿や山車を巡らせる祭礼があり、路地では毎日を無事に過ごしたいというささやかな願いをもって祠や地蔵を維持する慣習がある。このような神仏への願いや行為がやがて街路や路地に沿って統合され、大きな「身体」をつくると考える。もしこの集落が大災害により破壊されたとしても、人々が「身体」を心の世界に共有していれば、これを手がかりとして集落の街路や住居が再建・復興されるのである。

　ここで、一人の人間の「身体」について議論しておく。今、首を左右に振ってみる。部屋にいる人にとっては、壁、天井や家具などの「見え」が左右に動くことになり、

その見えの変化には多くの情報がある。例えば、自分が頭を振っている角速度の情報が含まれている。角速度の速さがわかるのは、極端な説明をすれば、首の筋肉にかかる負荷でもなく、頭の違和感や痛みでもなく、流れる景色の変化の仕方によるのである。これを米国の心理学者J.J.ギブソンは「光学的流動」と言っている（Gibson 1979）。これにより自分が座っている位置もわかる。部屋の中心にいれば、見えの変化は左右どちら側も同じように生じるが、部屋の端にいれば、変化の激しい側と変化の少ない側といった、流動の不均質が生じる。変化の激しい側はこちら側、変化の少ない側はあちら側といった感覚である。ギブソンは優れた空軍のパイロットを観察し、地形や滑走路の表面の流れ方そのものが、自機の姿勢、速度、方向といった情報となっていることを見出した。これを「直接知覚」という。実は私たちは、自分の位置や姿勢を知るために体を動かし光学的流動をキャッチする。その流動そのものが、自身の位置や姿勢の情報そのものであり、「心」そのものなのである。

　もう一つの例を示す。仮にあなたはマンションの7階に住んでいるとする。職場もしくは学校からマンションに帰ってきて、エレベーターで7階まで上がろうとしたところ、うっかりと気づかずにボタンを押し間違えて8階で降りてしまった。エレベーターホールや廊下の床、壁、天井は7階と同じなので、いつも通り廊下を歩き、さあ自宅の玄関のドアに振り向こうことした時、扉がない？　なぜだろうと考え、ようやく降りる階を間違えたのだと気づくことはないだろうか。筆者は昔、マンションでこのようなミスを何度かしたことがある。マンションは下階から上階までほとんど同じ間取りでできているが、階によって扉や壁の位置などがわずかに違っていることがある。勘違いに気づかずに8階の廊下を歩き進んでしまう。7階のエレベー

ターから自宅の扉までの距離を「体が覚えていて」、扉の
ところでわずかな違いに気づくのである。これは、エレベ
ーターを降りて廊下を歩くという動作を繰り返しながら、
自身の動作や行動が、体と物的環境の間の「空間」に組み
込まれていることを示している。何度か動作を繰り返して
いくうちに、見えの変化と自身の動作が一対一に連結され
るのだと考えられる。

　「ガリバー現象」というものがある。子どもの頃、友達
と全力で野球をした袋小路があり、そこに大人になって久
しぶりに訪れた時、こんなに小さかったのかと不思議な感
覚を覚えることがある。これは、子どもの当時の体と物的
環境が繰り返される野球の動作を通して結合し、その結合
のシステムが空間に備わっていたのだと考える。ここで、
体と物的環境との結合のシステムのことを、空間に備わる
「身体」であると定義する。大人になって、子どもの頃の
「身体」に気づくということは、「身体」がどこかに「保
存」されていたことになる。これは筆者の考えではある
が、体をある空間に置いた時に見える山、緑、街並み、建
物、電柱などの「見え」の中に「身体」が保存されている
と考える。体と物的環境（景色）が動作を通して結合し、
形成された「身体」は、その時の想いとともに物的環境に
刻み込まれ記録される。重要なのは、「身体」は体や動作
の変化に合わせて日々更新されることである。ガリバー現
象はドラスティックな「身体」の更新の現象であり、幼い
時の「身体」は当時の想いとともに空間に立ち現れ、今の
体がつくり出す「身体」に上書きされるのだ。

　「身体」は個人に固有のものではあるが、地域の人々が
同じ想いで神輿を担ぎ、町の街路を巡る時、一人ひとりの
「身体」が想いとともに街並みや景色と結合し、ひとつな
がりの「大きな身体」が形成されていく。

　「まちづくり」で大切なのは、いかにしてこの「大きな

第12章　地域の社会空間のコンテクストを尊重する都市計画・まちづくりの人材育成

身体」を街の中に解読できるかである。重村力は、阪神淡路大震災で被災した漁師の町の震災復興土地区画整理を痛烈に批判している（重村2008）。震災前には網道という路地があり、路地沿いの人々が毎日漁業の安全を願い、協力して祠や地蔵をお祀りしている。復興後の町は全ての路地を失い、広幅員の街路により祠や地蔵が分断されてしまった。願いや行為を通して形成された「意識空間構造」が震災復興計画により完全に喪失されたのだと述べている。筆者のいう「身体」とは、重村の述べる「意識空間構造」と同じレベルの事象を指していると思われる。

　地域の「大きな身体」を見出し、「まちづくり」や都市・地域計画により生かすためには、社会組織、日常・非日常の生活様式、信仰も含めた環境に対するイメージ、地形の構造、そして生業による物や経済の循環の仕組みまで解き明かしていく必要がある。

　従来の都市計画では、建物や広場などの物理的な要素を規制し、操作することを第一義としてきた。一方で、高度経済成長やグローバル資本主義による開発を反省し、地域社会を良くしようとする近年の都市計画は、社会の構造や人々の記憶を調査し、それを生かそうと努力する。私が留学生に伝えようとする都市計画は、空間構造（物的環境）と社会構造、心的構造の全ての面からその関係性を読み解き、空間構造、社会構造、心的構造が統合された「身体」の存在を明らかにする。社会構造は、例えば地域の人々が大地や自然のリソースを収穫し、加工し、流通させるために成立するものであり、地域の生業、経済、地形をも調査することになる。筆者らは空間構造、社会構造、心的構造が結びつく関係性のことを文脈（コンテクスト）と呼んでおり、それぞれが組織体としての組成や構造を持つため、「組織的文脈」と定義している。

　この組織的文脈は人々の体と物的環境との間の空間に現

れるものであり、新しい「空間論」を語る視点である。一方で、「時間論」を扱う視点が、先述した持続的な「場」の存在である。「場」が生き続けることで時代を越えた地域の「テーマ」が連綿と受け継がれる。「テーマ」を解くために積み重ねられてきた努力や創意工夫の持続的な価値を「連鎖的文脈」と定義している。

　「地域文脈（地域コンテクスト）」とは「組織的分脈」と「連鎖的文脈」が統合されたものであり、祖国での研究と実践を通してこれを継承するための都市開発の論理を得ることが留学生たちに期待されている。

6 アフリカでの実践

　「組織的分脈」と「連鎖的文脈」はあらゆるスケールに存在するため、留学生には①都市圏・都市レベル、②町・地域レベル（学校区が複数集まったスケール）、③近隣レベル（学校区のスケール）の全てについて話している。本章の冒頭に示した非正規市街地・スラムの改善、大都市圏のマネジメントの課題、都市の災害対策と災害復興の三つの課題は、全てのスケールでの対応が必要であるが、特に重要なのは、学校や教区といった単位が複数集まったスケールに相当する②町・地域レベルの課題である。いわゆる「先進国」でも「開発途上国」でも、第二次世界大戦や植民地化以前には、中世・近世の時代から継承する地域運営の仕組みがあり、例えば農地の維持管理、街中における商業空間の運営、寺・教会・モスク・シナゴーグなどの地域施設を核とした相互扶助など、住環境を良好に維持しながら生業を継承・発展するような調整機能が備わっていた。

　開発途上国では様々な理由によりこのスケールの空間が分断され、それを管理・所有してきた地域組織の機能が失われている。つまり、「身体」と「暗黙知」の地域文脈が

261

断絶されることを意味している。

　これに対抗する活動として、例えば、アフリカの留学生と共に取り組んだガーナ・アクラの非正規市街地・スラムの改善がある。アクラには82か所の非正規市街地・スラムがあると述べた。その一つにLa地域がある。これまでの調査によれば、La地域は八つのコミュニティからなり、それらの中でもAbese地区とKowe地区で住環境が比較的良好に運営されていることがわかった。一つのコミュニティは複数のクラン（父系血縁集団）で構成され、クランごとに構成員が集まり、住居の老朽改善、行事、街路の維持管理などの課題を話し合う。コミュニティ全体の課題は、クランの代表が集まる会議で検討され、例えば下水道の自主的建設を成し遂げている。各コミュニティには伝統的な慣習に基づきチーフが選任され、運営を統括している。

　図5はAbese地区の核となるエリアの地図を示している。非正規市街地であることから、政府は地図を作成しておらず、当研究室が測量し図化したものである。Abese地区のコミュニティは15のクランから構成されており、そ

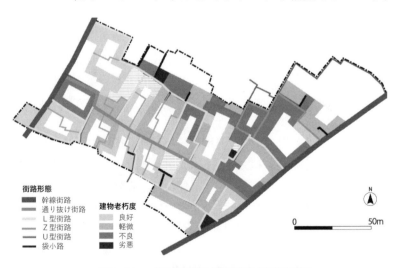

図5　Abese地区伝統街区の街路形態と建物老朽度

262

写真2　クランハウスでの会議　　　　　写真3　通り抜け街路での葬儀の準備

れぞれのクランには拠点となるクランハウスがある。各クランの構成員は毎週日曜日の早朝にそれぞれのクランハウスの中庭に集まり、熱心な議論を行っている。写真2はあるクランハウスでの集まりの様子である。写真3に示した中央の街路は幅がせいぜい3〜5mほどであるが、大半のクランハウスの玄関が面しており、葬儀をはじめとする様々な行事が行われる。この街路からいくつもの路地が分かれているが、他の街路への接続性が高く人もよく通り抜けるため、他の非正規市街地に比して衛生状態も良好である。家屋は今も泥や日干し煉瓦で建築したものが多く残るが、これらの路地に面する住居はよく維持されている。街路の路面や路地の入り口には「シュライン」と呼ばれる土地の神への信仰のシンボルが祀られており、街全体が信仰の空間であることがうかがえる。

　Abese地区のコミュニティは口伝によりその歴史を伝承している。彼らによれば、Abese地区は16世紀初頭に四つのクランから発祥し、これらが後に複数の新たなクランを派生した他、現在に至るまでに他地域から七つのクランを取り込んでいる。17世紀には漁業を営む人々のクランが加わっており、現在の100を越える行事の中に漁業にまつわるものが含まれることから、漁師たちの社会の慣習と知恵が「身体」や「暗黙知」として統合されていることが

第12章　地域の社会空間のコンテクストを尊重する都市計画・まちづくりの人材育成

わかる。新旧の人々がお互いの慣習を尊重し合いながら、相互扶助の仕組みを持続的に発展させるということが、このコミュニティの連鎖的文脈の「テーマ」である。

　植民地時代の英国による都市計画図には当時のLa地域が描かれているが、「スラム」と記されている。伝統的な都市の文化を有する町が貧困地区として定義され、都市計画の対象外となった。そのことが、伝統的都市コミュニティが奇跡的に生き残った理由の一つでもあるが、独立後は新政府の都市計画制度の枠組みからも除外された「非正規市街地」として扱われることになった。

　アクラ都市圏の他地域にもこのような伝統コミュニティが残っていたが、ディベロッパーがチーフから土地を買い上げることで町が完全に消失し、新たな住宅街が開発されている。おそらく、このような地域にも街路と路地に形成された「身体」とコミュニティの「暗黙知」が存在したはずである。土地を買収する開発は「地域文脈」を完全に喪失させることに加え、都市縁辺部において乱開発やスプロールを引き起こしている。非正規市街地と呼ばれるエリアにおいて、土地を維持管理する「地域文脈」をいかに見出し継承しながら、住環境を改善的に再整備していくかが課題であり、留学生と日本人学生と共に、今も問い続けている。現在は公立小学校を拠点として、伝統コミュニティと新しい人々が協力し、「地域文脈」を継承する「場」づくりの取り組みの準備を進めているところである。

7 ｜ おわりに

　留学生は母国の大学において、欧州を源流とする近代都市計画を学んでくる。一方で、アフリカや東南アジアでは、戦前の日本のように、土地に根ざした社会組織や行事があり、一見脆弱に思える社会や心の事象こそ都市計画の

柱とするべきであるとの考え方に触れる時、学生たちの内面に大きな変化が起きる。戦災、自然災害、宗教的な問題が貧困と複合し、これを「負」の歴史として「クリアランス」をしようとするのが従来の都市計画であるなら、本学が伝える都市計画とは、地域に受け継がれてきた社会課題の「テーマ」と「暗黙知」を未来につなげることを目標とし、辛い出来事を乗り越えようとする努力と創意工夫が同時代や未来の人々との間に共感を呼び、勇気を与えることで具現化されるものである。たとえ全ての構造物が破壊され更新されてしまうとしても、想いや行為から形成された「組織的文脈」が原理となって、生き生きとした社会・空間を再構築するということである。以上のように、日本語で構築された概念を教育や研究指導に生かすことは大きな意義があると考えている。

参考文献

伊藤裕久（2008）「都市における祭礼空間の近代 —近代都市の空間＝社会システムの受容」『近代の空間システム・日本の空間システム　都市と建築の21世紀—省察と展望』pp.165–166.　日本建築学会近代の空間システム・日本の空間システム特別研究委員会

片寄俊秀（1979）『千里ニュータウンの研究—計画的都市建設の軌跡・その技術と理想』産報出版

ギブソン, J. J.（古崎敬訳）（1979/1986）『生態学的視覚論—ヒトの知覚世界を探る』サイエンス社（*The Ecological Approach to Visual Perception*. Boston: Houghton Mifflin）

重村力（2008）「集落の空間 その構造をどう読むか持続的充実の論理と近代主義モデルとの乖離」『近代の空間システム・日本の空間システム　都市と建築の21世紀—省察と展望』pp.77–74.　日本建築学会近代の空間システム・日本の空間システム特別研究委員会

清水博（2003）『場の思想』東京大学出版会

ベルク, オギュスタン（1993）『都市のコスモロジー——日・米・欧都市比較』講談社現代新書

Gillespie, T. (2018) Collective Self-Help, Financial Inclusion, and the Commons: Searching for Solutions to Accra's Housing Crisis. *Housing Policy Debate, 28*(1), pp.64–78.

Okyere, C. Y. & Yacouba, Y. (2013) The Problem of Annual Occurrences of Floods in Accra: An Integration of Hydrological, Economic and Political Perspectives. *Theoretical and Empirical Researches in Urban Management, 8*(2), pp.45–79.

第3部　研究支援を通した人材育成のデザイン

おわりに

村岡貴子

　本書の執筆・編集を終え、ここでは、全12章の議論に
共通する視座について、以下3点にまとめて記し、結びに
代えたいと思います。

　まず、本書の企画段階から執筆者と相談の上、重視して
きた記述の要点は、「連携」と「協働」の取り組みが示さ
れていることです。ここで、便宜上、「連携」は組織と組
織、あるいは分野と分野、「協働」は、人と人、としてお
きます。研究支援と日本語教育の融合的な理想像を追い求
める過程では、上記の2点は必須のものです。本書のどの
章においても、問題解決や新たな実践のために、各所属先
の中で、分担・分業をしつつも、ゆるやかな「連携」を行
い、執筆者がそれを俯瞰する目を有し、取り組みの全体像
を把握して言語化しています。連携と協働は、各種授業、
研究室、専攻・研究科で、さらには、海外の関係の大学・
関係者とも行われています。それは、執筆者がそのような
視点を重視している証左です。なお、そのような視点は、
教育・研究支援の質を高めることから、大学院留学生のみ
ならず、一般の大学院生の学習・研究活動にとっても、有
意義なことであると思われます。

　次に、執筆者は、大学院留学生の学習・研究活動の過程
を鋭く観察して総括した上で、各種取り組みについて批判
的に内省しています。観察と内省は、大学院留学生の、入
学前の専門的知識の質・量および論文スキーマ獲得状況、

母国の関連情報等の背景、および、入学後の問題・課題に向けられ、それぞれ必要とされる理念や行動の指針の提示につながります。その上で、個別の対応や授業実践の改善に向け、また、大学院留学生の研究者としての成長を支援する国際共同研究や国際貢献の観点から、議論が展開されています。大学教員は、その分野、あるいは、研究室の中で教育・研究が完結するような状況で過ごすと解釈される傾向もあります。しかし、本書で示したような大学院での人材育成のためには、種々の可能性を有する連携と協働を行いつつ、積極的に自身の取り組みへの批判的な内省を行っていくことが、今後一層重要になると考えられます。

　さらに、本書には、文系・理系といった専門分野の違いを超えて、大学院留学生に対する日本語教育（日本語学習支援を含む）の重要性が語られています。それは、決して、日本の大学だから日本語が必要、といった単純な理由ではなく、まして、日本語母語話者の大学教員が、非母語話者にその学習を強要するものでも全くありません。そうではなく、各分野の執筆者は、大学院留学生が現在および将来にも必要なアカデミックなコミュニケーションを真正面から捉え、日本において「質の高い研究生活」を送るために、日本語能力の獲得が重要であると判断しているためです。無論、当該の大学院留学生自身も、日本語学習の重要性を自覚し、学習意欲を有しています（日本語を必要とし学ぼうとする、日本の大学院留学生に対し、学ぶことを止める権利は誰にもないと思います）。

　以上のように、「連携・協働への志向」、「大学院留学生の学びの過程への観察と自身への内省」、および「日本語教育の必要性」の3点は、本書の冒頭から最後まで、重要な視座として貫かれているものです。読者の皆様には、こうした「大学院留学生への研究支援と日本語教育」に対する視座についても、具体的な主張とともに、本書から読み

取っていただければ大変ありがたく存じます。

　今後も、さまざまな研究支援と日本語教育のあり方の議論が活発化することを心から願っております。

2023年1月7日

編著者　村岡貴子（大阪大学）

[執筆者]

村岡貴子　むらおか・たかこ　　　　　　　　　　　　第1章担当
大阪大学国際教育交流センター 教授、大学院人文学研究科 兼任教
授、博士（言語文化学）。
専門分野：日本語教育学、専門日本語教育研究、アカデミック・ラ
イティン教育研究。

有川友子　ありかわ・ともこ　　　　　　　　　　　　第2章担当
大阪大学国際教育交流センター センター長・教授、大学院人間科
学研究科 兼任教授、Ph.D. in Education。
専門分野：教育人類学、留学生教育交流、特に留学生アドバイジン
グ。

福良直子　ふくら・なおこ　　　　　　　　　　第3章・コラム① 担当
大阪大学国際教育交流センター 講師、博士（言語文化学）。
専門分野：日本語教育学、専門日本語教育研究、プレゼンテーショ
ン教育研究。

卓妍秀　たく・よんす　　　　　　　　　　　　第4章・コラム④担当
大阪大学スチューデント・ライフサイクルサポートセンター 教授、
博士（理学）。
専門分野：分子遺伝学、分子生物学。留学生支援に関する教育研究
など。

寺井智之　てらい・ともゆき　　　　　　　第5章担当・コラム②担当
大阪大学大学院工学研究科国際交流推進センター 講師、兼
同マテリアル生産科学専攻 講師、博士（工学）。
専門分野：マルテンサイト変態論、磁性材料学など。

秦かおり　はた・かおり　　　　　　　　　　　　　　第6章担当
大阪大学大学院人文学研究科 教授、修士（MA in Communication,
Culture and Society）。
専門分野：社会言語学、コミュニケーション学、メディア学、ナラ
ティブ分析など。

山本千映　やまもと・ちあき　　　　　　　　　第7章・コラム③担当
大阪大学大学院経済学研究科 教授、博士（経済学）。
専門分野：18、19世紀のイギリス経済史。

長田真里　ながた・まり　　　　　　　　　　　第8章担当
大阪大学大学院法学研究科 教授、博士（法学）。
専門分野：国際私法、国際民事訴訟法など。

大野ゆう子　おおの・ゆうこ　　　　　　　　　第9章担当
大阪大学名誉教授、大学院医学系研究科保健学専攻 招聘教授、
大学院基礎工学研究科特任教授、博士（医学）。
専門分野：数理保健学、看護工学など。

馬越大　うまこし・ひろし　　　　　　　　　　第10章担当
大阪大学 大学院基礎工学研究科 教授、博士（工学）。
専門分野：化学工学(特に、Bio-Inspired化学工学、生体膜基礎工
学)など。

磯博康　いそ・ひろやす　　　　　　　　　　　第11章担当
大阪大学大学院医学系研究科 公衆衛生学教授
国立国際医療研究センター・グローバルヘルス政策研究センター
長、博士（医学）。
専門分野：公衆衛生学、疫学、生活習慣病予防など。

白井こころ　しらい・こころ　　　　　　　　　第11章担当
大阪大学大学院医学系研究科 公衆衛生学特任准教授、北京大学招
聘准教授、ハーバード大学公衆衛生大学院研究員、国立国際医療研
究センター・グローバルヘルス政策研究センター研究員
博士（医学）。
専門分野：公衆衛生学、社会疫学、生活習慣病予防、老年学など。

劉克洋　りゅう・こくよう　　　　　　　　　　第11章担当
大阪大学大学院医学系研究科 公衆衛生学特任助教、北京大学招聘
助理教授、博士（医学）。
専門分野：公衆衛生学、生活習慣病、疫学。

木多道宏　きた・みちひろ　　　　　　　　　　　　第12章担当

大阪大学大学院工学研究科 教授、超域イノベーション博士課程プログラム部門長、博士（工学）。

専門分野：建築・都市デザイン、アフリカ非正規市街地の改善、大災害に対応した事前復興計画など。

大学院留学生への研究支援と
日本語教育
専門分野の違いを超えて

2023年3月20日　初版第1刷発行

編著者──────村岡貴子
発行者──────吉峰晃一朗・田中哲哉
発行所──────株式会社ココ出版
　　　　　　　　〒162-0828　東京都新宿区袋町25-30-107
　　　　　　　　電話　03-3269-5438　ファクス　03-3269-5438
装丁・組版設計───長田年伸
印刷・製本─────株式会社シナノパブリッシングプレス

定価はカバーに表示してあります
ISBN978-4-86676-065-0
© Takako Muraoka, 2023
Printed in Japan